ドラッカーと松下幸之助

正确经营

松下幸之助与德鲁克

[日]
渡边祐介
著

李翼 傅文霞 刘亚
译

图书在版编目（CIP）数据

正确经营：松下幸之助与德鲁克 /（日）渡边祐介著；李翼，傅文霞，刘亚译. -- 北京：机械工业出版社，2022.8
ISBN 978-7-111-71365-4

Ⅰ. ①正… Ⅱ. ①渡… ②李… ③傅… ④刘… Ⅲ. ①松下幸之助（1894-1989）- 企业管理 - 经验 ②德鲁克（Drucker, Peter Ferdinand 1909-2005）- 管理学 Ⅳ. ①F431.336 ②C93

中国版本图书馆 CIP 数据核字（2022）第 144365 号

北京市版权局著作权合同登记　图字：01-2022-2419 号。

DRUCKER TO MATSUSHITA KONOSUKE
Copyright © 2010 by Yusuke Watanabe.
Simplified Chinese Translation Copyright © 2022 by China Machine Press. Simplified Chinese translation rights arranged with PHP Institute, Inc. Original Japanese edition published by PHP Institute, Inc. This edition is authorized for sale in the Chinese mainland (excluding HongKong SAR, Macao SAR and Taiwan).

No part of this book may be reproduced or transmitted in any form or by any means, electronic or mechanical, including photocopying, recording or any information storage and retrieval system, without permission, in writing, from the publisher.

All rights reserved.

本书中文简体字版由 PHP Institute, Inc. 授权机械工业出版社在中国大陆地区（不包括香港、澳门特别行政区及台湾地区）独家出版发行。未经出版者书面许可，不得以任何方式抄袭、复制或节录本书中的任何部分。

正确经营：松下幸之助与德鲁克

出版发行：机械工业出版社（北京市西城区百万庄大街 22 号　邮政编码：100037）
责任编辑：张　楠
责任校对：张　薇　刘雅娜
印　　刷：北京铭成印刷有限公司
版　　次：2023 年 1 月第 1 版第 1 次印刷
开　　本：147mm×210mm　1/32
印　　张：7.75
书　　号：ISBN 978-7-111-71365-4
定　　价：59.00 元

客服电话：(010) 88361066　68326294

版权所有·侵权必究
封底无防伪标均为盗版

CONTENTS 目 录

总　序　儒家思想、日本商道与松下幸之助
译者序　从美国式管理和日本式管理思考中国式管理
前　言

第 1 章　两位开辟经营哲学的世纪巨人　　1

经营需要人类观　　2

如何活出令自己满意的人生　　2
经营哲学：超越经营　　3
组织创新：西方联邦分权制和东方事业部制　　7
经历战争：从人生观到人类观　　10
思考：个人的社会存在价值　　12
管理的意义：具有普遍性　　15
观察万物，保持思考　　16

思想溯源：实践和思考　　20

东西方碰撞：没能实现的巨头会晤　　20

"发现"管理：德鲁克的世纪功勋	22
反希特勒意识："经济人"概念的崩塌	23
从美国新天地启程：公司的意义	25
五重身份：企业家的多个角色	27

人生波澜万丈，磨炼哲学心性　29

曲折命运孕育伟大思想	29
原生家庭的思想熏陶	31
超一流学者奠定思想根基	34
时代巨变，闪现洞察	36
家庭际遇：人生无常，投机风险	39
身边的劳苦人：社会担当，热心公益	42
前辈实业家：在商言商与商业胸襟	44

形成经营哲学的必要条件　47

富有挑战欲的人格	48
通过自我反思思考"个体的存在"	49
抓住机缘巧合的能力	51
不要照搬照抄：经营哲学是一种思维的标尺	53

第2章　助力成功的工作观　55

工作是人生的意义　56

工作是人类的天性	56
专注：从建立到发挥自己的优势	59

作为"人"的成功：发挥天赋　　　　　　　61

职业与天赋匹配　　　　　　　　　　　63

德鲁克：持续地反馈分析，发现自己的优势　63
松下幸之助：宿命论与天赋论并存　　　　65
体会工作的妙趣　　　　　　　　　　　67

成为高能人士　　　　　　　　　　　　70

胜任工作：积累习惯性能力　　　　　　70
热情、诚意、真挚　　　　　　　　　　72
用报告—联络—商量赢得信任　　　　　74
领导力是工作，也是人格魅力　　　　　77
正确决策：定义目标 + 现场主义，
　素直心 + 兼听　　　　　　　　　　81
分公私、辨善恶，值得信赖　　　　　　84

消除倦怠，开启第二人生　　　　　　　86

享受工作的一生　　　　　　　　　　　86
人人都是知识工作者　　　　　　　　　87
第二人生：创造成果，贡献社会　　　　89

第3章　经营管理的共同价值　　　　　　93

德鲁克：企业家存在的社会价值　　　　94

企业家群体的社会存在　　　　　　　　94

熊彼特：努力创新的人才是企业家 95
指出凯恩斯理论的局限性，更关注"人" 97
领导人的错误认知才是巨大的风险 98
抓住创新的机会，敢于承担风险 100
利润是衡量组织存在意义的标尺 102

松下幸之助：企业家的大义担当 103
企业家对公司负最终责任 103
日新月异 = 创新：从经营理念到人人参与 106
利润是社会的共同财产：正当地获得适当的利润 107
确立使命，以质朴、诚实和谦虚的态度开展工作 109

经营管理具有普遍性 111
松下幸之助：在缺钱之苦和用钱之难中创造利润 111
经营管理：是技术，也是艺术 112

第4章 | **个人和公司都要革新** 117

德鲁克哲学与松下幸之助的经营实践 118
抓住多种因素叠加带来的创新机会 120
面对风险：企业家精神使创新成为创新 122
基于客户画像，准确定义产品概念 126

	领导者角色转变，缔造创新基因	129
	基于原创理念的松下事业部制	131
	事业部制：多样化产品经营的分权组织	133
	划时代意义的经营指导费	136
	不被模式所束缚：让事业部总经理发挥作用	137
	创新者的行动特质	**138**
	对市场营销的执着：为客户而存在	138
	经营就是创造客户	139
	革新与确信并举	141
第 5 章	**让企业在正确的道路上延续**	**143**
	从根本上考虑组织结构	**144**
	企业社会责任成为时代焦点	144
	高度信息化、全球化和环境恶化	145
	德鲁克的企业观：企业的社会属性	**147**
	企业的目标方向性必须和社会一致	147
	和谐调整，消除对立和差异，确保企业的 目标方向性和社会一致	149
	企业并不属于股东	150
	松下幸之助的企业观：企业属于国家	**152**
	对纳税从未动摇的看法：企业是国家的	152

企业必须担当的七大社会责任	154
识才用人：有德者，居高位	156

管理和伦理观：立场、利润与和谐   157

领导人的恰当立场决定了企业伦理	157
利润是企业履行社会责任的根基	159
对立与和谐：避免长期冲突	162

第6章 | 日本式管理超越日本   165

德鲁克：邂逅日本艺术，发现传统性   166

邂逅日本艺术：德鲁克感受到的冲击	166
文章1：《从日本经营中所学》（1971年）	169
文章2：《日本成功的背后》（1981年）	174
文章3：《日本画里的日本人》（1979年）	178

松下幸之助：日本传统精神的三种特质   187

为了实现人类的共同繁荣、和平与幸福	187
人类的普遍性、国民性和民族性并存	189
集众智：大事不可独断	192
保主座：保持主体性的同时积极学习、实际运用	193
以和为贵：发挥礼仪精神	196

遵循自然规律，从传统精神走向未来	198
重视创始人的哲学思想和经营理念	198
抱有与竞争对手共存的强烈意识	200
对立与和谐是自然规律、宇宙真理	203
从独特性中发现普遍性智慧	205
结束语	207
年谱	211
参考文献[一]	

[一] 请参见网站 www.hzbook.com。

总　序　FOREWORD

儒家思想、日本商道与松下幸之助

在中国，历史悠久的企业被称为"百年老店"或"老字号"。根据日经BP在2020年的调查，全球百年企业有80 066家，其中33 076家是日本企业，占全球百年企业的41%。也就是说，日本是世界上拥有百年企业最多的国家。全球拥有200年以上历史的企业有2051家，其中1340家是日本企业。[一]

为什么日本有这么多长寿企业？因为很多历史悠久的日本企业都有自己的"家训"和"家规"，被后继者传承和遵守。

[一] 雨宮健人. 世界の長寿企業ランキング、創業100年、200年の企業数で日本が1位［EB/OL］.（2020-03-18）［2022-06-06］. https://consult.nikkeibp.co.jp/shunenjigyo-labo/survey_data/I1-03/.

日本伊藤忠商事株式会社是为数不多的综合性贸易公司之一，继承了近江商人的经营理念，其核心是三方好（买方好，卖方好，社会好）。也就是说，企业不能只关注自己的利润，还要回应客户和相关方的期待，从而为社会做出贡献。

大丸松坂屋百货的"家训"是"先义后利"，茂木家族㊀的"家训"是"家人需以和为贵，切记德为本、财为末"。它们绝不做无义无德的生意。在它们看来，利润不是目的，而是企业为社会做出贡献后获得的回报。由此可见，这些百年企业的"家训"深受儒家思想的影响。

儒家思想大约在公元5世纪传入日本，公元6世纪佛教也传入日本。儒家思想被僧侣和贵族作为教养来学习，在16～17世纪被武士阶层作为统治思想付诸实践。

㊀ 茂木家族，拥有日本著名的酱油品牌"龟甲万"。

18 世纪初，一位名叫石田梅岩㊀的町人思想家，深受儒家和佛教思想的影响，开始倡导石门心学，他的弟子更是在日本各地开设心学讲舍，向平民百姓传播儒家的道德观。在明治维新前的 100 年里，日本各地共开设了 173 所心学讲舍。

大约在同一时期，大阪商人在船场㊁成立了一所专门面向大阪商人的学堂——怀德堂，是商人学习儒家思想的场所。

像心学讲舍和怀德堂这样对平民百姓和商人传播儒家思想的场所，对大阪商人群体的经商之道产生了巨大影响。18～19 世纪，儒家思想作为一种普遍的道德观念渗透到日本的平民阶层。

1904 年，松下幸之助在小学四年级中途辍学，

㊀ 在日本近代化的历程中，町人阶级（城市商人）迅速发展。石田梅岩是日本江户时代的町人思想家，创立了石门心学。该学说的着眼点是处于士农工商中身份最低的商人，主张商人存在的必要性和商业赢利的正当性，也强调了商人应该"正直赢利"和"俭约齐家"。
㊁ 船场，日本地名。

到 1910 年为止的这 6 年，他在船场度过了多愁善感的少年时代。就是在这个时期，他亲身体会到以船场为代表的经商之道——关西商法。

关西商法的根本是"天道经营"，也就是顺应天道，正确经营。正确经营的思考方法有三种：奉公（遵纪守法，报效国家）、分限（安守本分，不做超越自己能力的事情）、体面（坚守信用，获得信赖）。正确经营的行为准则有三条：始末（以终为始，确定目标，定期结算）、才觉（求创意，差异化经营）、算用（做好成本管理）。这些思想在松下电器的纲领⊖、信条⊜、七精神⊜及组织、制度中被运用，传承至今。

日本的大实业家涩泽荣一出生于 1840 年，被称为"日本现代经济之父"。他一生参与了 500 多家公

⊖ 纲领：贯彻产业人之本分，努力改善和提高社会生活水平，以期为世界文化的发展做贡献。
⊜ 信条：进步与发展若非得益于各位职工的和睦协作，殊难实现。诸位应以至诚为旨，团结一致，致力于公司的工作。
⊜ 七精神：产业报国之精神、光明正大之精神、团结一致之精神、奋发向上之精神、礼貌谦让之精神、改革发展之精神和服务奉献之精神。

司的创建，包括引进欧美的合资公司制度和现代工业。涩泽荣一倡导道德与经济合一，他的著作《论语与算盘》在 100 多年后的今天仍然被众多商业领袖广为阅读。

受儒家和佛教思想的影响，诞生于江户时代的关西商法，通过涩泽荣一、松下幸之助和稻盛和夫等商业领袖的思考、实践与传承，今天仍然是日本企业长寿经营的思想支柱。中国的企业家们已经关注到这一现象。我们期待松下幸之助经营哲学书系能够给大家提供有益借鉴。

木元哲

松下电器（中国）有限公司前总裁

零牌顾问国际导师

中国广州

2022 年 6 月

THE TRANSLATOR'S WORDS　译者序

从美国式管理和日本式管理思考中国式管理

经济活动是人类生存和发展的原动力之一，国家之间的竞争、合作和相互学习，是人类共同进步的基础。一个国家的经济崛起首先造福于国民，进而贡献于国家，最终促进世界繁荣。国家宏观经济是无数微观经济汇聚的洪流，经济崛起来自企业群体的卓越贡献，其背后是诸多优秀企业家"产业报国"的思想觉醒。

始于18世纪60年代的工业革命开启了人类的工业文明时代，众多伟大的发明和无数技术创新涌现。管理创新和技术创新作为企业发展的两个轮子，平衡运转、相互促进，支撑了企业发展的跨量级突破，管理学伴随着工业文明的进步破壳而出，于是在不同的时代涌现出一批又一批世界级企业。

进入20世纪以后，由于美国企业群体和日本企业群体的崛起，20世纪上半叶出现了美国式管理，下半叶出现了日本式管理，独树一帜的管理模式都产生于卓越的企业实践和群体效应，美国式管理以杜邦和通用汽车等为代表，日本式管理以丰田和松下电器等为代表，这些公司都是人类商业组织的不断实践，既一脉相承，又渐进创新。从早期英国企业以"物"为中心到美国企业以组织为中心，再到日本企业以人为中心；从生产方式到组织创新，再到企业文化；从公司制到管理思想，再到经营哲学。美国式管理和日本式管理像人类的左右脚，两步迈上两个大台阶，引领人类的公司化经营迈上哲学高度。

彼得·德鲁克和松下幸之助就是两位开辟经营哲学的世纪巨人，分别是20世纪美国管理学界和日本产业界的代表性人物，他们对推动人类商学进步都做出了卓越的贡献。渡边祐介先生的这本书通过对两位大咖的比较研究，不仅发现他们在背景、经历和管理侧重点上的差异，而且发现他们在思想、价值观和追求上的高度融通。

渡边祐介写道：彼得·德鲁克和松下幸之助出生在完全不同的国家，分别是学者和实业家的身份，却对管理有相似的看法。不仅是对管理，二者对人性和社会也有相似的看法，甚至在每个人通过管理和工作应该取得什么样的成功这方面也有相似的想法。

彼得·德鲁克和松下幸之助对同一时代的人都表现出温暖的态度，他们都提出了真正具有普适性的成功哲学，他们的成功哲学超越了技术、管理和所谓的技巧。彼得·德鲁克和松下幸之助都在取得极为罕见成就的同时，始终保持低调而谦虚的作风。

对于人生和经营，优秀的企业家"都拥有一套自己的美学或者哲学。还有一些企业家有着奇妙的想法和非凡的气魄，但是企业家如果没有自己的哲学思想，往往就会止步不前。成功很难，保持成功则更难"。彼得·德鲁克和松下幸之助观察万物，持续思考"从个人生存到个体的社会价值，从人生观到人类观，从个人思想到企业灵魂"的内容。他们发现：只有处理好企业与人类、企业与社会的关系，才能让企业在正确的道路上延续——这就是经营哲学的高度。

彼得·德鲁克发现企业家存在的社会价值，松下幸之助倡导企业家要用大义担当来确立公司使命，个人和公司都要革新。在进行全面的比较研究之后，渡边祐介发现，美国式管理超越美国国界，日本式管理超越日本国界，它们是人类商业组织的共同财富。

经营需要人类观，遵循自然规律，从传统精神走向未来。渡边祐介提醒今天的企业掌舵人：企业要重视创始人的哲学思想和经营理念，对立与和谐是自然规律、宇宙真理，要从独特性中发现共同的智慧。人类的普遍性与国民性、民族性并存，正如松下幸之助倡导的那样：企业经营最终都是为了实现人类的共同繁荣、和平与幸福，领导人要集合众智，大事不可独断。

改革开放以来，中国企业如饥似渴地学习美国式管理和日本式管理，从中汲取营养、成长创新。进入21世纪，中国经济崛起，中国企业涌现出诸多卓越实践案例，受到全球企业界和管理学界的普遍关注，也出现了"中国式管理"的思考。

不论是美国式管理、日本式管理还是中国式管理，都来源于企业群体的卓越实践和全球贡献，都不是自我标榜，而是他人赞誉。所有管理模式都是融合发展的阶段性成果，都贡献给人类以共同进步，也都是人类的共同财富。

曲折命运孕育伟大思想，人生波澜万丈，磨炼哲学心性。在新的历史阶段，无数中国企业家在求生存、谋发展的道路上苦苦求索、创新奉献，我们坚

xx

信，一定会有越来越多的中国企业迈向世界，一定会有一批代表性的中国企业家向全球企业贡献中国管理智慧。

李翼

零牌顾问执行总裁、技术导师

中国广州

2022 年 6 月

PREFACE 前言

我一直在研究历史上的企业家,通过观察企业家的言行,思考什么才是好的经营、怎样才能成为一名好的企业家。同时,我也在不断思考:作为一名企业家,更好的人生应该是什么样的,更好的工作状态应该是什么样的。

我认为所有的企业家并不是进入社会之后才那么独特,他们每个人在创业之前或者成为经营者之前就有出色的人生目标和工作态度等,这些价值观最终都反映到企业家这一结果上。

对优秀的企业家进行研究的时候,我发现他们都有一个共同点:对于人生和经营,他们都拥有一套自己的美学或者哲学。还有一些企业家有着奇妙的想法和非凡的气魄,但是企业家如果没有自己的哲学思想,往往就会止步不前。成功很难,保持成功则更难。

我刚才提到了"成功"这个词,什么是成功?正如人们常说的"成功哲学"一词所代表的那样,成功是不是意味着财富或者名声呢?如果是,成功者的数量就相当有限。总会有人成功,也总会有人失败,或者说,有许多人虽然不能说是失败者,但他们也没有成功。真的可以断言"说到底世界就是这样的"吗?

这听起来可能是不够成熟的空论,在我看来,能回答我这个问题的企业家和专家极为稀少。当然,有很多人在自己的内心世界里已经有了一些答案。我没有得到答案,原因可能是对企业家而言,发展公司业务才是核心工作,他们没有机会去积极主动地公开表达他们的哲学思想。

我有非常多类似"什么是成功"这样的问题：什么是基于哲学的经营，什么是成功的经营，对人生来说工作是什么，成功的意义是什么……从结果来看，最后只有两个人能给我提供一些强有力的答案，他们就是：现代社会的哲学家和管理学之父彼得·德鲁克，在有生之年建立了世界级企业的松下幸之助。

在对两人的著作进行阅读和比较时，我常常被这样一个事实所震撼：他们出生在完全不同的国家，分别是学者和实业家的身份，身处不同的年代，却对管理有相似的看法。不仅是对管理，对人性和社会也有相似的看法，甚至在每个人通过管理和工作应该取得什么样的成功这方面也有相似的想法。

当然，这只是我的感觉，从不同人的角度看也会存在一些异议，我在德鲁克和松下幸之助的思想中发现，他们对同一时代的人都表现出温暖的态度，他们都提出了真正具有普适性的成功哲学。他们的成功哲学超越了技术、管理和所谓的技巧。

生活在高度竞争和不断变化的时代，我们很容易陷入眼前的困境，认为只要今天顺利就行了，只要自己获利就行了，不知不觉中每个人都固执于渺小的想法，执着于领先他人一步而自我满足。人们对成功的定义只停留在这样的表象上，让我感到极其焦躁和不安。

我无意过于悲观，我认为：正是因为世界的现状就是这样，我们才不能只考虑今天过得好不好，而是需要拥有一种能够坚定地度过一生的思考方式，也就是掌握如何获得真正成功的思考方式，最好的做法是追随这两位巨人的脚步，他们都在取得显赫成就的同时，始终保持低调而谦虚的作风。这是我写这本书的动机。这本书既不是对管理学的介绍，也不是高高在上的人生指南，而是学习两位哲学家围绕成功的普遍性思考过程，对其中存在的不可思议的契合点以及成因进行探讨，也可以说这本书是我的心灵旅行日记。

　　以阅读这本书为契机，希望每个读者都能获得对生活、工作和管理的信念。

渡边祐介
2010 年 6 月 1 日

CHAPTER 1
第1章

两位开辟经营哲学的世纪巨人

　　如果先读松下幸之助的著作,再读德鲁克的著作,会发现里面有很多相通之处,对此,我深以为然,顺序反过来也一样。

　　德鲁克和松下幸之助都以人类存在的意义为中心进行思考。

　　他们都思考了每个人在社会中该如何行事,简单地说,就是如何才能获得成功。

　　他们都指出,在考虑现代人和社会方面,管理(经营)在个人和组织上都具有普遍性,都具有重要的功能。

经营需要人类观

如何活出令自己满意的人生

此刻,活着的你我都有什么样的人生愿望呢?想成为有钱人,想名扬四海,抑或是最大限度地发挥自己的能力和才华,想为世界和平贡献自己的全部等。从世俗的欲望到崇高的理想,人们总会有各种各样的人生愿望。但是,如果粗略概括这些愿望,不难发现它们在本质上都相差无几。总而言之,都可以用"想成功"或"活得幸福"这两点来概括。

人生只有一次,所以人们无论如何都想成功,或者是想活得更加幸福,这是人之常情,再自然不过了。这里有一点很重要,那就是愿望的主体不是别的什么人,而是"自己"。想成功也好,活得幸福也罢,最终的主人公都是作为个人的"自己"。虽然有些人可能会持反对意见,反驳道:"不,我只想让别人成功,我自己成不成功倒是无所谓。"或者有些人根本就不指望自己能出人头地。但是,包括这些想法在内,也都能总结为:作为个体，大部分的人都追求令自己满意并且有意义的人生。这一点，显然是不需要讨论的。

虽说道理上是这样，现实却是就算想要过好令自己满意的一天都是很困难的，更不用说一辈子了。大多数人都在生活的各个方面不断妥协，有时候还会因为思索自己究竟获得了多少幸福而感慨万千。也有一些人既无法认同主流社会，也无法让自己满意，只能在沮丧中虚度光阴。

我希望本书能为读者的人生指明方向，作为一味良药，让人们对自己的工作和人生产生更多的满足感。基于这个想法，本书将向读者介绍德鲁克和松下幸之助这两位巨人的人生轨迹。他们的人生哲学揭示了一个人在社会中追求美好生活的意义和原则。

经营哲学：超越经营

也许有人会问：为什么是哲学？德鲁克是管理学家，松下幸之助是企业家，我们难道不应该从他们身上学习企业经营的技巧吗？而且，德鲁克和松下幸之助是各自领域中的翘楚，分别介绍他们的书已经很多了，本书为什么要将他们两个人放在一起，这有什么意义？

对于这些疑问,我想阐述两点理由。

第一,无论是德鲁克提出的管理思想,还是松下幸之助倡导的经营之道,都不是只有技术和知识。从本质上看,它们都有着超越各自领域的普适性,甚至可以说,这两位大咖之所以能够悟透经营和管理的要义,是因为他们都构建了关于人生和社会的哲学思想体系。

第二,德鲁克和松下幸之助关于人生和社会的哲学思想有很多不谋而合之处,他们对很多事物都持有同样的看法。对于活在当下的你我来说,他们的思想仍然存在很多值得学习的地方。

如今正是知识高度专业化、信息泛滥的时代,社会结构日益复杂。在这样瞬息万变的社会中,不时出现因缺乏道德导致的企业犯罪案件,以及各种各样人类无法解决的问题。究其原因,也许是执政者、企业家和经营者不懂得以人为本的哲学和缺乏恰当的视角吧。不仅领导者需要这些,我们每个人都需要认真地思考并探寻自身,如果能每天都遵循正确的哲学思想而生活,就不会有那么多烦恼,就能够让自己保持清醒不犯大错。德鲁克和松下幸之助在提出经营管理技巧的同时,还通过对自身的思考明确了人类该有的姿态。

说到要学习哲学思想,有些人可能认为如果不能做到聪明而高尚,就不可能过上上等人的生活,很遗憾,本书的意图不在于此。简单来说,我撰写这本书的主旨是告诉大家看待任何事情都要有从本质上思考的习惯。养成了这种习惯就会有大局观,能够从宏观的角度剖析自己,思考方式和行为方式变得稳定,不会有大的变化。

德鲁克和松下幸之助作为社会角色,与普通人并没有什么不同。两位大咖分别在美国和日本生活,但是都经历过动荡的战争年代,他们的共同之处在于:在认真生活的同时,还不忘从各自的角度观察和思考"人类的未来会怎么样""社会只是维持这样的状态真的可以吗""到底是什么在改变着社会"等问题,他们都站在"人类的理想状态应该是什么样"这一原点上,不断地求索。而且,他们并不只是在自己内心将这些深奥的问题用富有哲理的话语一一解释清楚就算了,还将自己的想法广泛传播给芸芸众生,起到思想启蒙的作用,这正是他们二人生活的认真之处。

作为"管理学的发明者",德鲁克给日本的经营者带来的影响很是深远。第二次世界大战之后，经济高速发展，无数经营者从德鲁克的著作中了解到世界和日本正在迎接怎样的时代浪潮。他的书不仅会分析国际政治、全球经济，还会分析社会系统的变化，尤其能够精准地抓住资本主义的动向。德鲁克不但以宏观的视角分析，还能从新颖的角度出发，进行与管理学相关的论述，条理清晰、逻辑通透。德鲁克的一生始终立足于探索人类的本质，观察社会的动向，不断宣传管理的意义。

跟德鲁克一样，松下电器的创始人松下幸之助，也是从日本经济的高速成长期开始，在商界展现出巨大的存在感，为经营者们指点迷津，点拨、启示经营的本质。松下幸之助在一开始创业的时候，公司算上松下幸之助自己也就只有三个人，但是在一代人的努力下，松下电器成长为世界级的电子企业，松下幸之助也作为日本实现高速经济成长的巨大功臣，功成名就。而且，松下幸之助并不止步于在经济上取得成功，还对社会和国家管理怀有很大的热忱，创办了PHP⊖研究所和松下政经塾，直到晚年这一份热情也丝毫没有消退。

⊖ Peace and Happiness through Prosperity，通过繁荣实现和平与幸福。

德鲁克和松下幸之助都通过执笔深耕,在关于理想的社会和正确的经营方式方面,不断启发世人。可以说,数不胜数的从政者、经营者从他们的著作中,学习到政治具有的方向性和企业经营的秘诀,领悟到什么才是高质量的经营。如果先读松下幸之助的著作,再读德鲁克的著作,会发现里面有很多相通之处,对此,我深以为然,顺序反过来也一样。

下文我将详细阐述在德鲁克和松下幸之助的哲学之中,共同的观点是什么,它们诞生的背景又是什么。

组织创新:西方联邦分权制和东方事业部制

可以断言,德鲁克和松下幸之助的相同之处不限于经营水平高超。在"人类和社会"或者是"人类和组织"上,两位大咖拥有共同的观点,即使在体系上一眼看去有所不同,但在经营战略的方向性上是十分相似的。

举个例子,我们看一下组织战略。德鲁克在他的著作《管理的实践》⊖中,讲述了在企业组织中联邦分权制的重要性,他认为组织中的权力下放比中央集权要好。

⊖ 本书中文版机械工业出版社已出版。

德鲁克主张建立联邦分权制,是因为他认为分权可以让许多普通人担任管理职务,这样可以开阔人才的视野,使干部思考自己的目标,从而将他们转变为具有卓越管理能力的战将。

德鲁克还认为权力下放可以帮助管理者评判干部的能力和才干,以便根据情况更换负责人,从而提升组织应对变化的效果。1943年,德鲁克受托对当时世界上最大的制造商通用汽车(GM)进行组织研究。当时,著名的企业家艾尔弗雷德·P. 斯隆(Alfred P. Sloan)对通用汽车采用了放权的管理方式。德鲁克在倾听了干部和员工讲述的每个细节后,分析出组织的特点,把研究成果撰写成书,即《公司的概念》⊖,据说这是第一本以管理为主题的书。

另一边,1933年时松下幸之助在松下电器推行了事业部制模式,创立这一制度,一是为了明确经营责任,二是为了培养经营者。在被问及采用事业部制的灵感来源的时候,松下幸之助回答"没什么灵感,只是当时我认为这是最好的方法"。德鲁克和松下幸之助的视角

⊖ 本书中文版机械工业出版社已出版。

如出一辙，是因为两位大咖都认为"企业组织必须实现一定的经营成果"。为什么德鲁克和松下幸之助不谋而合？这与两人的思维方式有关，在这个例子中，就是源于他们对员工工作成就感有相同的认知。

古希腊哲学家亚里士多德曾说过人是社会动物，这正是人类的基本命题。换句话说，如果不能逃离社会，我们最终面临的问题将会是如何履行各自角色的义务。组织自然是要有它的机能的，但要使组织作为集体存在，必须让组织能够包容每个成员的本能、欲望和习惯，德鲁克和松下幸之助大概都是以这种人和社会的命题为基准做判断的吧。

因此，企业的组织设计不能只是走个形式，应主要考虑员工作为个体能不能发挥作用，在此基础上还必须考虑组织的可塑性㊀。当一个人真正属于组织的时候，组织会出现一些必须改变的地方，有一个词专门用来形容这一现象，叫作"制度疲劳"，这是一种因为人们对系统失去紧张感而产生的现象，如果追本溯源的话，制度疲

㊀ 可塑性，指学习能力。——译者注

劳是系统中每个人所产生的变化和影响积累而成的。作为一种组织模式，松下幸之助并不认为事业部制是无懈可击的。

正因为如此，从哪个视角解剖各类组织，以及人和社会之间的关系，就变得尤为重要。正是因为立足于这一点，德鲁克和松下幸之助的思考方式才会有那么多共同之处。虽然前面列举了组织战略的例子，其实在管理、经营和人生态度的哲学上，两位大咖都有共同点，他们的共同点主要有三个。

经历战争：从人生观到人类观

首先需要注意的是，德鲁克和松下幸之助都以人类存在的意义为中心进行思考，这是他们的第一个共同点。德鲁克认为，人在本质上是一种社会性的存在，因此，人在社会中能感到幸福应该是所有决策的前提条件。

这就是为什么德鲁克在《工业人的未来》一书中写道："只有当每个人都被赋予自己的位置和角色，而且重要的社会权力具有'合法性'时，社会才能发挥作用。"

第1章
两位开辟经营哲学的世纪巨人

我相信每个人的脑海中都有一些类似的记忆:当你被人寄予厚望的时候会感到非常欣喜,反之,如果发现自己与群体格格不入时会感到不安。在职场或者学校的集体活动中,当一个人发现在各种情况下都没有自己的位置或者角色时,这个人一定是十分孤独的。作为个体,每个人都必须被赋予独立的地位和角色,正是一个个人的集合,社会才得以形成,社会秩序和制度、各个机关以及合法权力都由此而生,整个社会的目的和意义也由此被界定。

松下幸之助在商业领域雇用众多员工,常年对员工进行指导,形成了自己独特的人类观。作为一个天生体弱的人,松下幸之助无法在市场一线打头阵。他也不是一个精力充沛的经营者,随着公司的发展,工作越来越多,虽然这是件好事,但要自己负责所有的事情,对体力要求很高。因此,松下幸之助将本来应该由自己完成的工作全权委托给员工。当他敢于把经营责任转移给下属时,员工们表现出强大的能力,取得了超出想象的成果。在多次实践后,松下幸之助逐渐相信:人是伟大的存在,在经历不同的事情之后,员工的能力和潜力会得到无限的成长。也就是说，在强调人的个体存在和作用方面，德鲁克和松下幸之助有着相同的立场。

德鲁克和松下幸之助，都经历了社会动荡和战争的伤痛，这也就不难理解为什么二人会形成这样的人类观。

德鲁克在奥地利生活了 28 年，在赴美之前，他已经察觉到了第一次世界大战后经济至上主义的崩溃，见证了极权主义席卷混乱的欧洲。这番景象宛如噩梦一般，德鲁克离开奥地利以逃离纳粹的迫害。当经济不稳定的时候，人心也不稳定。见证了这段历史的德鲁克深受冲击，这形成了哲学在他心中的原貌。

同时，战争也成为松下幸之助冲出经营者领域、举起思想家大旗的助推器。1946 年，松下幸之助开始研究 PHP。他认为人类本质上就像一块未经打磨的原石，只有适当地打磨，才能产生繁荣、和平与幸福。

思考：个人的社会存在价值

第二个共同点是，他们都思考了每个人在社会中该如何行事，简单地说，就是如何才能获得成功。德鲁克和松下幸之助都认为，人生的成功不是经济上的成功。两位大咖都对什么能使人获得幸福这一问题进行了思考，正如前面所说的，这也可以归结为人们如何在社会中获得一席之地。

德鲁克认为，答案在于每个人都有能力"发挥自己的长处"，德鲁克经常会问"你想因什么被人记住"，他认为，未来的社会将是一个组织型的社会，在这个日益成熟的组织化社会里，人们应该能够充分发挥自己的优势，按照自己的想法实现自我，并由此为社会做出贡献，这样的行为会给人们带来幸福，从而使人们获得成功。

值得注意的是，德鲁克指出，社会正在发生变化，向有组织的社会转变，同时也在向知识型社会转变，专业化程度提高，知识变得越来越重要。如今，我们生活在一个高度专业化的社会当中，这个事实能够帮助我们理解这一点。

专业化并不意味着学术会得到重视，德鲁克所谓的

"知识"是在更广泛的层面上说的,美甲师和护理人员都是知识工作者——德鲁克将他们称为技术专家。对于普遍存在的知识工作者来说,如何以个人身份融入社会并运用自己的知识将是人生的一大挑战,在这种情况下,德鲁克强调人们需要意识到"没有特殊才能的普通人,必须自己管理自己"(《21世纪的管理挑战》)。

松下幸之助则是在经济快速增长时期的财富榜上排名第一,成为有史以来经济上最成功的企业家。尽管取得了这些成就,松下幸之助并不认为他所取得的经济上的成功是成功的全部,他很自然地肯定了自己的成功,思考对每个人来说成功是什么,他的结论是"作为一个'人'的成功"。地球上有几十亿人,没有任何两个人是相同的,每个人都被赋予了不同的特质和天分,成功就是要最大限度地利用每个人的天分,这是作为"人"的正确生活方式,不仅能满足自己,还能增加我们的工作成果,使周围的人获得喜悦,这就是"作为一个'人'的成功"的含义,也是最真正意义上的成功。

两位大咖都强调个人的社会存在,对人类的成功有着相似的哲学,令人感到有趣。

管理的意义：具有普遍性

第三个共同点是，他们都指出，在考虑现代人和社会方面，管理（经营）在个人和组织上都具有普遍性，都具有重要的功能。德鲁克观点中的"管理"跟松下幸之助观点中的"经营"在概念上不能说是一致的，似乎有点不同。

德鲁克在《管理的实践》中写道："管理的基本定义是，它是一种经济组织，是工业社会中明显的经济组织。"用松下幸之助自己的话来说经营，则是"我认为'经营'是一件极其宝贵的事情，它几乎是一门艺术"（《实践经营哲学》）。搞清楚这些词的含义和区别也可以成为讨论的重点，在这里我们不做赘述。

值得注意的是，正如我指出的那样，德鲁克和松下幸之助都没有把管理和经营的含义限制在企业经营的范围内。当我们考虑到个人的成功、人生以及社会中存在的各种组织——特别是整个国家时，管理和经营的意义不能仅仅被看作是为了赚钱而将人们团结在一起的技术或手段。换句话说，管理和经营是根据个人的人生前进方式形成的，是对各个组织和社会全体都十分重要的思想和行动体系，它们不仅是领导人和干部的必要工具，而且是每个人的必要工具。

德鲁克和松下幸之助的管理和经营有一个共同的目标。这个目标是：创造一个每个人都能通过自己的力量获得幸福的社会。为了实现这一目标，每个人都必须努力并智慧地经营自己、管理自己。

不过这是有前提的，如果一个人所在组织的使命或工作理念与自己的人生观不一致，这就是个人不幸和组织不幸的开始。还要记住，进行管理的时候，不能忘记我们面对的是有血、有泪、会流汗的活生生的"人"。

然而，尽管现代管理学理念有很多起源于德鲁克，但德鲁克思想的本质部分却很少被讨论，盈利的科学性被不必要地进行细分，管理和经营的意义以及最初目的似乎被大家忽视了。

观察万物，保持思考

正如我们所看到的那样，德鲁克和松下幸之助的观点和想法有非常重要的相似之处。可是，如果要问他们的思想是否已经渗透到今天的社会，我们还是会感到，它们距离现今的社会很遥远，在激烈的竞争和繁忙的日常生活中，这些思想很难刻在人们的意识中，很难被认为是理所当然的事情。

尽管如此，要不要试着参照德鲁克和松下幸之助的思想，来总结一下我们在生活和工作中所采取的行动呢？哪怕只是在繁忙日程中稍做休息的时候，哪怕只是在日常生活的瞬间，也许就能够帮助我们更加坚定地生活。无论我们喜不喜欢，都会被要求管理越来越多的事情，通常情况下我们必须补充与其相关的各种知识才能以一一应对，可是我们不能仅仅局限于补充知识，必须更深入地进行思考，牢牢谨记：我们要培养出一种在任何情况下都适用的管理意识。为了能够最大限度地发挥个体和组织的作用，我们需要能够从更宽广、更高的角度进行思考，没有什么比思考的能力更珍贵。

德鲁克和松下幸之助都不认为经营是一种知识的积累。德鲁克思考的仅仅是管理的原理和原则，而非实践的具体步骤；松下幸之助也说过"管理学是一门可以传授的学问，但真正的经营是无法被传授于人的"。很明显，管理学是一门在学习的基础上灵活应用的学问，但是真正的经营不仅仅是将学到的知识付诸实践,更需要通过思考深化,利用自身经验来逐步掌握其中蕴含的技巧。

我们可以通过思考以下问题来理解这一观点:德鲁克为构建他的哲学观念采取了什么行动?他不断观察他身边的人,以及社会上发生的各种各样的事。德鲁克把观察他人和社会的自己称为"旁观者"(Bystander)。

有时,我们会尝试从知识中进行学习。然而我们需要知道,学习的第一步是要认识到所学的事物包含了什么样的原则,并训练自己以宏观的角度来掌握和理解这些原则,再将这样的训练付诸日常生活。德鲁克细细"观察"一切事物,自然也包括"什么是原理和原则"这一问题。正如德鲁克所做的那样,我们必须更进一步地去观察人类的行为和社会的趋势,而不仅仅是生活在知识的高山上。

事实上,松下幸之助对这种"观察"也抱有两点独特的看法。第一是要拥有一颗"素直心",松下幸之助所说的"素直心"是指一颗不受束缚的心。他说,重要的是要努力尝试看到事物本来的面目,而不受到自己的利益、感受、既有的知识或任何先入之见的影响。第二是要学会"自我反省",为了正确掌握自己的能力,必须充分了解自己,要做到这一点,我们需要暂时把自己的思想从自己的身体里"拿"出来,远远地从外部重新观察自己,这与学会怎样客观地看待自己异曲同工。

无论是德鲁克还是松下幸之助,他们都试图通过观察社会、自身和人类去发掘其中的本质,正是这种强烈的意志,成为他们哲学发展的起点。

为了进一步了解德鲁克和松下幸之助,我们可以做的第一件事,就是在日常活动中更多地进行一些自问自答。例如,我们可以问自己"我在这个组织中是否很好地发挥了自己的作用",抑或是"我的下属能不能从工作中获得成就感"。

我们应该怎样去学习?不是要去死记硬背德鲁克和松下幸之助思想的每一个细节,我们要学会以他们的方式行事,也就是说,通过观察每天遇到的事情和看到的现象,不断完善自身对社会和对人类现状的看法,思考什么才是正确的。我们要自觉地保持"哲学态度",领悟经营的技巧,获取生活的智慧。恰恰是这样的努力才会产生自我创新,引导我们在德鲁克和松下幸之助的教诲中进行体验式学习,收获成长。

尽管背景和出身不同,当德鲁克和松下幸之助都对经营和哲学进行思考的时候,恰好得出相似的结论,这是非常有趣的相同点。

思想溯源:实践和思考

东西方碰撞:没能实现的巨头会晤

有一件事使我倍感遗憾,那就是德鲁克和松下幸之助从来没有见过面,尽管他们的著作都曾名列畅销书榜单,他们却从来没有直接见面交流,现在看起来似乎不可思议,令人遗憾,事实上,他们两人好像曾经有过一次见面的契机。

1973年,时任钻石出版社社长的石山四郎多次访问德鲁克在加利福尼亚州克莱蒙特市的家和松下电器总部。石山是一位很有眼光的编辑,他推动了一个出版项目:通过两人之间交流的信件,寻找他们对于经营哲学的共同观点,或者是让他们就相同的经营话题各自回应,从中比较两人的经营哲学。德鲁克和松下幸之助都同意了,可是这个看起来会一帆风顺的项目,最后还是因为各种缘由而宣告终止。

根据当时的记录,与德鲁克素未谋面的松下幸之助从石山那里听说了德鲁克的履历和与人相处的方式后,显得非常兴奋,他不仅期待能和德鲁克就经营和经济展开讨论,更想跟德鲁克交换对于社会的想法。正是因为这样,两位大咖没能实现对话实在是令人遗憾。站在社会管理和经营价值的角度,这本来会是一次极有意义的思想碰撞。

尽管两人未曾讨论他们各自的哲学,但我们需要思考一件重要的事情:为什么德鲁克和松下幸之助都超越了单纯的学者和经营者的身份,建立了他们的哲学,他们都拥有什么样的潜质。我想通过追溯这两个人的职业生涯来探询并求解这些问题。

"发现"管理：德鲁克的世纪功勋

德鲁克既是一位法学博士，也是一位政治金融记者，还是一位经济学家，可是德鲁克却将自己描述为"社会生态学家"，自称是"作家"，就像前面提到的那样，形容自己是个"旁观者"。作为德鲁克作品的译者，上田惇生先生被誉为德鲁克哲学在日本的布道者，他也说，德鲁克哲学的本质就在于"观察"社会动向。德鲁克始终致力于分享通过观察得到的想法，发表这些认知对组织的启发的看法，这就是德鲁克的工作风格。

形容德鲁克的称呼有很多，人们称他为"管理学之父""改变美国工业的人""孕育管理学理论的伟大思想家""资本主义的史学者和捍卫者"，等等。然而，德鲁克的论点并不是某种特定的、狭义上的理论，譬如马斯洛的"需求理论"或麦格雷戈的"X-Y理论"，德鲁克最大的贡献，是他"发现"了迄今为止从未被承认的"管理"，并为其付出心血。

至于学术界应该如何评价德鲁克的成就，有一种观点认为，从德鲁克的论述被引入日本的那一刻开始，就很难从方法论上掌控对其的评价。德鲁克的著作不时变

第1章 两位开辟经营哲学的世纪巨人

换视角,有时以社会论为导向,有时以经营论为导向,有些是学术性的,有些则带有新闻性。就评价而言,也许范围过大了。

反希特勒意识:"经济人"概念的崩塌

可以说,德鲁克的经营哲学是通过一系列的作品逐步发展并得到认可的,因此,按照作品的写作顺序来回顾他的论点很重要。

首先,让我们看看他的处女作《经济人的末日》。德鲁克的风格在这本书里已经很明显,在书中他没有采取以公司为中心的立场——这通常是管理学的前提。

这本书 1939 年在美国出版的时候,德鲁克已经移居美国 2 年了,这位奥地利移民当时只有 29 岁,他的首部著作产生了巨大的反响,在美国和英国成了畅销书,英国前首相温斯顿·丘吉尔也写了书评。丘吉尔跟书中观点产生了强烈的共鸣,他甚至把德鲁克的处女作作为礼物赠给英国军事学院的毕业生。

《经济人的末日》是一本关于政治意识形态的解说书,而不是一本管理著作,是德鲁克在对当时席卷欧洲的希特勒纳粹主义进行观察后，从独特的社会学角度出发，对极权主义的起源做出了解释。书名中的"经济人"指的是一种观念上的人类，对这种人来说，在社会中，只有经济上获得满足才是重要且有意义的，可以说，德鲁克的哲学是从经济人类学的角度出发的。

随着德国在第一次世界大战中的战败，传统的经济、社会和价值观秩序崩溃了，在混乱不堪的社会里，大众不再相信旧秩序的合理性，人们开始寻求超脱于经济合理性的价值观。从某种意义上来说，人们对于混乱秩序的焦虑使得他们接受并依赖他人的控制，而不是追求自由，他们不再支持民主主义，转而肯定了专制主义。

希特勒的思想是缺乏人文精神和社会合法性的，尽管如此，大众还是像被施了咒一样追随他，这一切都反映了当时人民内心深处的共同愿望，也就是缓解社会动荡。德鲁克认为，无论是将纳粹主义与民族主义挂钩，还是非人道的大屠杀，都表明了"经济人"概念的崩塌。

在《经济人的末日》里,德鲁克主张与希特勒进行对抗,希特勒欺瞒并煽动大众构建了属于自己的产业社会,大众需要重新建立起欧洲自由和平等的基本价值观,这是创造一个新的产业社会所不可或缺的要素。

这个论点在1942年德鲁克出版的第二本书《工业人的未来》中阐述得更为明确:极权主义试图通过放弃自由来使社会运转,这是错误的,为了纠正这一错误,战胜极权主义,必须建立一个新的产业社会。我们所需要的社会是一个以人性为基础,能充分发挥人类力量的社会。换句话说,德鲁克认为,在这个理想的社会中,每个人都被赋予自由与责任,在这个以企业为中心的社会,每个人都可以拥有发挥自身力量的一席之地。

从美国新天地启程:公司的意义

也就是说,德鲁克管理哲学的主要特点,是将人类的存在和社会的存在系统化,将二者看作一个整体。

德鲁克正是在这个基础上探索管理的本质的,究其起因,还是源于他立足的这片新天地——在美国,德鲁克得到了第一个委托研究项目。当时美国已经是世界经济的发动机,这主要归功于大企业的存在,其中的代表就是通用汽车,德鲁克参与了对通用汽车的研究,这应该是德鲁克经营哲学诞生的契机。

德鲁克根据在通用汽车的实地调查成果,出版了《公司的概念》,这是一部不朽的巨作。它象征德鲁克开始探索工业社会中企业应有的状态,研究管理的意义和方法。德鲁克发现,公司这个组织是为了充分发挥人类力量而存在的,他质疑性地思考了公司在社会中存在的真正意义,正是在这本书中,德鲁克的管理理论初现雏形。

《经济人的末日》已经是70年前⊖的著作了,为什么时至今日仍在加印、受到万千读者的推崇?这一定是基于德鲁克拥有敏锐的洞察力,他从未误判过社会的动态变化,可以说,德鲁克的观察立足于历史,并从中解读现实社会的法则,发现人性的本质。

⊖ 《经济人的末日》的出版时间是1939年,距离本书日文原版的出版时间(2010年)有71年。——译者注

五重身份:企业家的多个角色

与德鲁克的哲学一样,松下幸之助的经营哲学也是超越了单纯的经营领域,拥有一个庞大的体系。

就像许多近江商人㊀都将他们的经商秘诀作为家训代代传承那样,对于商人而言,获得哲学的启发并不是一件罕见的事。可是,就算是与同时代的人相比,松下幸之助的思想,尤其是他对于人类的看法都显得非常独特,这是因为它超越了商业的领域。松下幸之助在1972年出版的《松下幸之助的人生观:提倡新的人类观》一书中表示"人性是一块璞玉""人类是万物之王"。同时,对于宇宙起源的认知,和将宇宙生态描述为"形成与发展"的独特观点,在松下幸之助的经营哲学的思想基础中占有重要位置。作为一个商人,为什么松下幸之助能够这么富有思想家特质呢?

令人惊讶的是,第一个认识到松下幸之助拥有思想

㊀ 近江商人,是日本滋贺县的近江八幡、日野、五个庄,这三个地方外出经商的人的统称,他们提倡"三方好"(买方好、卖方好、社会好)的经营理念。近江商人和大阪商人、伊势商人一起被誉为"日本三大商人"。——译者注

家这一特质的并不是日本学者，而是美国媒体。1964年9月，《生活》杂志以东京奥运会前夕的日本为主题，刊登了一组专题报道。其中将松下幸之助描述为"一个拥有五重身份的人物"，分别是"顶级产业家""首富""哲学家""杂志出版商"和"畅销作家"这本发行量800多万册的杂志描述了松下幸之助的个性，阐述了他的经营理念和PHP的哲学理念，还有他对于人类和宇宙的看法，这一切都表明，美国媒体对松下幸之助产生了极大的兴趣。

一提到松下幸之助的经营哲学，人们通常理解为"自来水哲学"，其实远远不只有这些，还包括"顾客至上""自主责任经营""率先垂范""集思广益""水库式经营""共存共荣""适度经营""适度利润""无形合同""适材适所""全员经营"等，这些思想并不是碎片化的，而是相互联结、形成体系的，甚至与松下幸之助对于人类和宇宙的看法都息息相关。

为什么德鲁克和松下幸之助都自发地进行了这么广泛而深刻的思索呢？让我们看看两位大咖的人生轨迹，从中探求原因。

人生波澜万丈，磨炼哲学心性

曲折命运孕育伟大思想

1909年，德鲁克出生在奥匈帝国的维也纳，他的家族可谓是书香门第，一家人都极具文学素养。德鲁克的父亲阿道夫是一名经济学家，就任奥匈帝国政府高官之后又当上了大银行的行长。1938年德军入侵奥地利，德鲁克与父亲一同前往美国，后者在北卡罗来纳大学出任国际经济学教授，拥有丰富多彩的职业生涯。德鲁克的母亲卡罗琳是当时最早一批的女性医学家。从父母的经历不难看出，德鲁克从小受到了非常好的教育。

1927年，18岁的德鲁克从公学（类似于初中和高中连读的学校）毕业，进入位于汉堡的贸易公司实习了一年三个月。对于奥地利的年轻人来说，从公学毕业后，自食其力比继续升学更有吸引力。德鲁克不想让父母担忧，于是进入汉堡大学法学院继续学习，在大学二年级的时候，又转学去了法兰克福大学。

德鲁克在法兰克福成了活跃分子，原以为他会去美国金融公司当证券分析师,没料到他被法兰克福发行量第一的杂志社聘用,成为负责金融、外交板块的记者,而且迅速晋升为高级编辑。与此同时,德鲁克还获得了法兰克福大学国际法博士学位,他的精力旺盛令人吃惊。

但是,德鲁克的个人信念令他无法容忍逐渐抬头的纳粹主义势力。当时,无论是作为一名记者、一名大学教师还是一名产业人,只要有反纳粹思想,就不可能在德国久留。恰巧,德鲁克撰写的一篇论文成了被纳粹分子盯上的导火索,为了保命,他决定逃往英国。

在伦敦,德鲁克再次作为经济学家为商业银行工作,同时开始向美国的期刊投稿。渐渐地,他被重视自由、以未来为导向的美国所吸引,同一时期,德鲁克还和出生于德国美因茨市的多丽丝·施密特步入了婚姻的殿堂。1937年,德鲁克和英国四大报社签订协议,以通讯员的身份向报社供稿,28岁那年他移居美国。

到美国之后,德鲁克登上纽约市的莎拉·劳伦斯学院的讲坛，那段时间发表了处女作《经济人的末日》，这本书在社会上引发了大量的评论，是德鲁克的巨大功绩。在这以后，1942～1949 年，德鲁克在佛蒙特州贝林顿学院教授政治、经济和哲学，1949 年开始在纽约大学管理学研究生院教授管理学，1971 年出任加利福尼亚州克莱蒙特研究生大学研究生院教授，职业生涯大放异彩。

德鲁克的人生里充满了艰难曲折，这位出生于书香门第、受过良好教育的少年，在经历了欧洲的社会纠葛之后，踏上了美国这片新天地，脚踏实地地工作，使自己的思想变得成熟，可以说，无论是德鲁克的人格，还是他的哲学思想，都是命运铸就的。

从宏观角度来看，德鲁克人生的曲折变化，与他的经营哲学思想的形成有着极大联系。

原生家庭的思想熏陶

如此看来，研究德鲁克在人生旅程中遇到过什么人物，德鲁克从他们那里受到了什么样的影响非常有意义。1978 年出版的《旁观者》最具自传色彩，揭示了德鲁克的人际关系是如何影响他的思想的。这本书作为一本风格迥异的自传，按照时间顺序对德鲁克身边亲近的、令他印象深刻的人物进行了刻画。

心理学里有个关联者理论，主要观点是：每个人的人生中都有几个产生重要作用的关键人物。看《旁观者》时有一种德鲁克本人在讲故事的感觉，奶奶、施瓦兹瓦尔德博士夫妇、小学老师埃尔莎和苏菲两姐妹、精神医学的开创者弗洛伊德、特劳恩－特劳聂克伯爵和女伶玛丽亚·米勒，对德鲁克来说，这些都是重要的关联者。

首先，不得不提的是德鲁克的奶奶，她是一位出身良好的钢琴家，性格天真烂漫。据德鲁克所说，奶奶偶尔也会犯糊涂，他跟奶奶之间有件令人难以忘怀的事情。

有一天，德鲁克和奶奶乘坐公交车，停靠在某一站的时候，突然上来一帮年轻的纳粹党人士。奶奶看见后迅速靠近那帮年轻人，用手里的伞戳了戳其中一个人，一边指着他衣领上象征纳粹的铁十字勋章，一边说教道："你们得知道，有的人会反感这个，戴这种东西，就和拿别人脸上的青春痘开玩笑一样恶劣。"事发突然,德鲁克只能屏住呼吸,静观其变。令人意外的是,那名年轻的纳粹党人士老老实实地把铁十字勋章摘了下来,下车的时候还特地摘下帽子向奶奶行礼。

为什么奶奶不计后果的行为令人折服呢?德鲁克不得不承认,奶奶并不是真的糊涂,德鲁克下定决心要反对纳粹,曾经尝试以言论为武器加入抵抗运动,但并没有减少哪怕一枚铁十字勋章,可是奶奶却成功了,她的成功并不是由素质、才能和个人信条等决定的,而是由单纯而正确的判断力决定的。

奶奶有时候会说一些糊涂话,被别人当成怪人,但从来没有被人轻视,每每谈起自己的失败经历,奶奶都是幽默风趣,以至于听的人都不禁生出爱怜之情。不管奶奶每次做出的事情是否合乎常理,她身上具有的人性判断力都令人折服。德鲁克从奶奶的言谈举止中领悟到,除了社会上通用的大道理,与心境匹配的言论也能成为真理。

另外,这本书中也提到了德鲁克的两位小学老师——埃尔莎和苏菲,身为教育者,她们向德鲁克展示了教育和学习的本质。埃尔莎老师给每位学生都定下目标,使他们心怀自信、健康成长。德鲁克很不擅长数学,埃尔莎老师却说他的数学很好,还提议说干脆在四年级就把小学所有课程都学完,当听到这个提议时,德鲁克相当吃惊,看得出来,埃尔莎老师并不把成绩和潜力混为一谈。

相比之下,苏菲老师是个情感丰富的人,总是融入孩子们当中,手把手地教学,她循循善诱,握住学生的手,引导他们将手中的铅笔或画笔移动到正确的地方。回顾自己的小学时光,德鲁克发现从这两位老师身上学会了学习和教育的本质。

超一流学者奠定思想根基

弗洛伊德是精神医学界的泰斗,德鲁克的父母和弗洛伊德是多年的好友,德鲁克也因此与弗洛伊德结缘。8岁那年,在弗洛伊德家附近的食堂,两家人偶然坐在同一张桌子上吃饭,这是德鲁克与弗洛伊德的初次见面。当时父母不仅要求德鲁克与弗洛伊德握手,还对他说:

"你面前的这位是全奥地利最伟大的人,不,也许是全欧洲最伟大的人。"德鲁克对此记忆犹新。

得此机缘,德鲁克尝试去思考弗洛伊德在奥地利医学界的立场,以及他身为犹太人的内心纠结,并发表自己的看法。对德鲁克来说,思考和探索身边关系亲近的超一流学者的内心这样的经历,也许让他对个人和社会关系有了深刻的感悟,这对德鲁克的哲学思想的形成产生了巨大影响。

施瓦兹瓦尔德博士夫妇也对德鲁克产生了深远影响。赫姆·施瓦兹瓦尔德博士年仅35岁就历任奥地利的枢密院顾问官、财务次官,是政府高官,他太太吉妮亚·施瓦兹瓦尔德是一名教育学者,常年致力于经营学校和举办文化沙龙等社会活动,两人开办的沙龙群英荟萃,连获得诺贝尔奖的作家托马斯·曼也来参加,可以说是充满学者智慧的乐园。德鲁克和他们有交集也是因为父亲和施瓦兹瓦尔德博士夫妇是老友。在沙龙活动中,德鲁克接触到很多学者,不断思考社会的本质,观察各种人的言谈举止,见识人生百态。施瓦兹瓦尔德博士夫妇后来也因战乱离开了奥地利,到瑞士去了。

特劳恩－特劳聂克伯爵和维也纳国立剧场的管理人员兼女伶玛丽亚·米勒这对情侣，也是德鲁克父母的好友。因为家住得比较近，他们和德鲁克有所交流。

特劳恩－特劳聂克伯爵投身于社会主义运动，也因宣扬社会主义饱经绝望和挫折，他把自己为政治信仰所困的故事告诉德鲁克，德鲁克从中受益匪浅。后来德鲁克一家搬离维也纳，德鲁克跟特劳恩－特劳聂克伯爵情侣的交流自然也中断了。后来，留在维也纳的伯爵和女伶在德军入侵的那天殉情。

施瓦兹瓦尔德博士夫妇和特劳恩－特劳聂克伯爵情侣都身处奥地利的上层阶级，在时代的洪流中经受信仰的折磨，最终步入了悲剧的人生。思考和梳理这些欧洲学者的内心纠结，德鲁克将相关发现收录进《经济人的末日》和《工业人的未来》等书中，这些作为德鲁克社会学的根基被保留了下来。

时代巨变，闪现洞察

接下来看看松下幸之助的人生经历。

1894 年，松下幸之助出生在和歌山县海草郡和佐村字千旦之木,是松下政楠家的第三个男孩子。从江户时代开始松下家也算得上是小地主阶层,松下幸之助出生的时候家境殷实,但是在松下幸之助5岁的时候,也就是1899年迎来了一场惊人巨变,父亲松下政楠在大米投资中失败,资产大幅缩水,紧接着松下政楠移居和歌山市内,变卖家产还债,只剩下一点钱作为启动资金,开始做木屐生意。由于突然转行,生意做不下去。

放弃生意之后,松下政楠决定一个人去大阪工作,就职于私立大阪盲哑学院,也就是现在的大阪市立盲人学校、大阪市立听觉特别支援学校。私立大阪盲哑学院的校长叫五代五兵卫,他弟弟五代音吉经营一家名字叫五代的自行车店。在小学四年级的时候,松下幸之助迎来了转机。松下政楠为松下幸之助的将来考虑,决定把他送去商家作为学徒见习,于是松下幸之助被接到了大阪。松下幸之助在火盆店当过一段时间的学徒,之后的6年时间,都是在五代自行车店当学徒,学习大阪的商业习惯,松下幸之助学得很快。

15岁那年的夏天,松下幸之助发现大阪市内出现了有轨电车,突然冒出一个念头:"接下来会是电力的时代,我要做跟电气有关的工作。"以此为契机,他立志要进入电气行业工作。

自行车店的老板对松下幸之助非常信任,松下幸之助对于产生辞职的想法相当愧疚,但是想进入电气行业工作的信念牢不可破,为了找一个辞职的借口,松下幸之助让人给店里发了一封电报,说母亲病了,以照顾母亲为由离开了自行车店。后来通过姐夫的介绍,松下幸之助去一家水泥公司工作了一段时间,3个月后终于进入大阪电灯公司(现在的日本关西电力公司)实习。

松下幸之助是一名非常优秀的员工,进入公司才3个月就受到提拔负责检查工序,22岁就成为全公司最年轻的质检员。可是松下幸之助却陷入了一种意料之外的情绪,他对质检员这份工作并不满意,因为只是检查部下的工作,没办法让他获得成就感。为了从郁郁寡欢的情绪中走出来,他尝试着改良插座,还试着做了一个新的插座样品,可是他的上司对他改良的插座却不以为意,恰好在那个时候,他患了肺结核,身体很不好,于是他下定决心要自立门户,以后按自己的想法工作。

1917年6月，松下幸之助从大阪电灯公司辞职，开始在大阪市猪饲野^㊀生产自己设计的插头。一开始新插头推销效果并不好，还是突然接到大公司川北电气生产电风扇底盘的加急订单，松下幸之助的小作坊才得以渡过难关。到了第二年，也就是1918年3月，松下幸之助在大阪市西野田区大开町成立了松下电气器具制作所^㊁，随后，制作的连接插座和双头插座一炮而红，松下幸之助的事业也终于步入正轨。

家庭际遇：人生无常，投机风险

松下幸之助在自己的著作《缘分，妙不可言》（旧版本书名《随笔》）中，讲述了令他印象深刻的人各自的故事，这本书主要介绍了松下幸之助人生中的重要人物，这点跟前文德鲁克的著作一样，我们来看看。

首先，不得不提松下幸之助的父母，因为他们对松下幸之助产生的影响相当复杂。父亲松下政楠对他的影响尤其引人深思。父亲的一生就像是松下幸之助成功的

㊀ 猪饲野，大阪的地名，位于大阪的东成区和生野区。——译者注
㊁ "松下电气器具制作所"是当时的名称。——译者注

前奏,在松下幸之助眼中,未能见证松下幸之助的成功便离开人世的父亲拥有怎样的人生呢?

父亲让松下幸之助失去了富裕生活,还让他中途放弃了学业,从这点来看,只能说松下政楠是一位愚蠢的父亲。就算是这样,对松下幸之助来说,那段经历虽然痛苦却弥足珍贵。在《缘分,妙不可言》一书中,松下幸之助表达了对父亲的感激之情。

松下幸之助还在当学徒的时候,原本住在和歌山的母亲和姐姐也随他搬到了大阪,想到松下幸之助小学辍学,她们向松下政楠提议让松下幸之助别做学徒了,去上夜校。松下幸之助听后内心也产生过动摇,但是父亲却对他说:"我反对,继续当学徒,以后自立门户做自己的生意吧,这才是最适合你的路。别放弃你的目标,安心当学徒,如果生意能做成,你就可以吸纳更优秀的人,所以呀,千万不能放弃当学徒。"

松下幸之助遵从父亲的教诲,获得了成功,就算过了很多年,仍然非常感激父亲当年的敏锐判断,松下幸之助一生对父亲都非常尊重。

父亲对松下幸之助的影响体现在哪里呢？首先，松下政楠切身体会过近代资本主义的风险，从这点来看，不得不承认他在事业上给松下幸之助提供了反面教材，也让幼年的松下幸之助深刻感受到事业失败带来的人生的巨变。松下幸之助回忆说，父亲破产以后，为了挽救曾多次投机取巧，他看着那时的父亲十分于心不忍，也从中察觉到在资本主义中投机有完全颠覆人生的可怕威力。

不难想象，父亲那个时候的经历，给松下幸之助带来了非同寻常的动力，这件事情本身使松下幸之助设定了一个目标：不论怎样，都要让松下家族东山再起。

对于亲眼所见、亲身经历的资本主义，年幼的松下幸之助是怎么看待的呢？就算是这种社会制度最终导致了家道中落，他没有因此怨恨资本家。松下幸之助经常说"只要正确地经营，事业就能成功""投资和投机是不同的"，从这两句话不难体会出松下幸之助对资本主义还是有强烈的戒备心的。

松下幸之助对母亲松下德枝的感情相对淡薄，母亲是否称得上是松下幸之助的人生导师,这一点值得怀疑。从和歌山纪之川火车站出发去大阪当学徒的时候,母亲泪流满面地为松下幸之助送别,这件事众所周知,除此之外松下幸之助言谈中并没有过多提及他的母亲。据说松下德枝曾经去过大阪,在松下政楠去世后又回到和歌山再婚,松下幸之助或许对这件事耿耿于怀。

松下幸之助的父母都因病早逝,可以说,对松下幸之助而言父母不仅是慈爱的化身,更向他揭示了人生转瞬即逝、变化无常的道理。

身边的劳苦人:社会担当,热心公益

其他影响松下幸之助的是一群生意场上的人,他们被松下幸之助称为师傅、对手或盟友。

在松下幸之助的人生中,五代夫妇是重要人物,他们既是松下幸之助当学徒的自行车店老板,又是对松下幸之助来说情同父母的贵人。回忆的时候松下幸之助很是怀念,从拿筷子的方式这样的细节,到礼仪等大体,他都受到五代夫妇的教导,还被打过耳光。虽然这么说,五代夫妇并不是冷酷无情的人,当时的商人带学徒都这

第 1 章
两位开辟经营哲学的世纪巨人

样,而且据说五代夫妇性格温和。可以说,在大阪船场㈠这一历史商业重镇,五代夫妇是最早向松下幸之助传授生意经的人。

其实松下幸之助还提到过五代音吉的哥哥五代五兵卫,五兵卫在十几岁的时候不幸失明,靠按摩养家糊口,五兵卫是个劳苦人,还是个人才,他不仅做按摩生意,还擅长房产买卖。据松下幸之助回忆,五兵卫的能力非同寻常,尽管完全失明,但一进入房间就能分辨出房子的建造年代和价值。通过房产买卖积累了可观的资产以后,五兵卫投资创办了私立大阪盲哑学院。机缘巧合,松下幸之助的父亲松下政楠也开始在私立大阪盲哑学院帮忙,父子俩都受过五代家族的恩惠,因为松下幸之助就住在附近,自然就认识了五兵卫。

五兵卫对松下幸之助产生的影响主要有两点。

第一,人的潜力是无穷的。不用多说,因为双目失明,五兵卫的人生少了很多选择,厉害的是五兵卫利用在按摩时建立的人脉开始买卖房产,还越做越大。五兵

㈠ 船场,大阪的地名。——译者注

卫不屈服于身体缺陷，敢于挑战命运，才华横溢，松下幸之助对五兵卫充满敬意。

第二，五兵卫历尽艰辛创办了私立大阪盲哑学院。五兵卫对社会的担当和对公益的热忱对松下幸之助产生了深刻的影响，甚至可以说如果没有五兵卫的影响，松下幸之助后来不可能投身于开设PHP研究所和松下政经塾等社会活动。

前辈实业家：在商言商与商业胸襟

山本武信和冈田悌藏都是松下幸之助的客户。山本武信是山本武信商店的老板，承包了松下电器的热销产品自行车灯的批发业务，帮助松下电器成长；冈田悌藏是冈田干电池公司的社长，为松下幸之助提供自行车灯用到的干电池。

山本武信向年轻的松下幸之助聊起自己的经商之道，就像大哥一样亲昵，在签协议的时候却是公事公办、毫不疏忽，甚至让松下幸之助觉得他非常难缠。山本武信是一位严厉的客户，反过来说，正因为遇到这样的人，松下幸之助才得以成长。

冈田悌藏被誉为日本干电池制造的先驱，他和松下幸之助有过这样的小插曲。

为了提高新产品自行车灯的销量，松下幸之助想了一个新招：发放1万盏自行车灯作为试用品，店家满意后再交钱进货。这就需要1万块干电池，虽然只要立刻买进1万块干电池就可以了，但恰恰对于当时的松下幸之助来说这就是一件难事，于是松下幸之助以一年卖出20万盏自行车灯为条件，上门要求冈田悌藏免费提供1万块干电池。冈田悌藏赞赏松下幸之助的精神，竟然答应了，结果自行车灯的销量远远超出预期，竟然创造了年销量47万盏的伟大战果。第二年，冈田悌藏身着全套带有家徽的和服，以极其庄严的姿态出现在松下幸之助家门口，向松下幸之助致谢。对松下幸之助来说，冈田悌藏专程从东京过来拜访就已经是莫大的荣幸，松下幸之助真的十分佩服冈田悌藏的宽广心胸。

跟山本武信和冈田悌藏的接触促使松下幸之助开始思考：商人应该具备的条件是什么？不难看出，山本武信有异常强大的实力、做事果断，冈田悌藏拥有极宽广的商业胸襟，这些实业家都磨炼了松下幸之助的经营直觉，帮助他形成自己的经营理念。

最后，再来说一说加藤大观。加藤大观是真言宗的僧侣，最初在京都的一间茅屋里，以替人祈祷和生活指导等作为生计，是山本武信的顾问。随着跟松下幸之助的交流渐渐加深，加藤大观于是毛遂自荐为松下电器的发展和松下幸之助的健康祈祷，迁居到松下电器驻地，直到1953年去世之前，加藤大观都对松下幸之助的生活和经营建言献策。

加藤大观这样的宗教人士成为公司老板的顾问，似乎与现代人的想法相去甚远。松下幸之助也许是被加藤大观的人品所吸引，或者是对信教之人有特殊情感，从第二次世界大战之后松下幸之助与各教派知名宗教人士颇有交情，也不难看出这点。

除了加藤大观这样的宗教人士，宗教本身对松下幸之助的经营理念也产生了重大影响，包括《我的所为所思》在内，松下幸之助的很多本传记都写到，曾经通过熟人介绍参观了天理教总部，以此为契机认识到产业人的使命，开始倡导自来水哲学。松下幸之助被信徒的热情打动，相信商业中也存在一种能让人同样产生热情的正义，一种能驱使人们向前的神圣的经营理念。

然而，松下幸之助的想法并不是来自信仰，他的思考不受个人信仰制约，而是跟商业上的哲学直接相关。对松下幸之助来说，宗教跟信仰是分开的，也许这种说法有些极端，宗教帮助他追求纯粹的理想社会，探索有益经营的思想，也就是判断个人品格的标准。据说，松下幸之助与加藤大观的关系，也并非纯粹宗教老师与弟子的关系那么简单。

形成经营哲学的必要条件

到目前为止，我们已经分析了德鲁克和松下幸之助的性格，回顾了家庭背景，究竟是什么对他们形成经营理念产生了重大影响呢？

德鲁克从研究人的角度出发，松下幸之助从经营实践的角度出发，最终都形成了各自的经营哲学，共同点在于：两位大咖的哲学都形成了庞大的体系，其中包含人类观等观念,难道这只是巧合吗?

近现代接触经营的人数众多,但是试图寻找经营本身的重大意义,这样的人却极其罕见。管理者主动处理日常的经营难题是理所应当的,针对"什么是好的经营"这一哲学命题,只有松下幸之助展示出寻求答案的独特姿态。跟德鲁克拥有同样看法的经营学者也难以寻觅。德鲁克和松下幸之助的独特性在于无法只从专业能力的角度来描述他们的资质。资质并不意味着他们是数学天才,也不意味着他们身体有特殊的能力,而是意味着人格、才能和经验的结合,形成了他们为人的根本,接下来我列举三点。

富有挑战欲的人格

首先,自我启发或者说强烈的挑战意识是德鲁克和松下幸之助都提到的一种资质,对所有成大事的人来说,也可能这是重要的资质之一。运气以及我们遇到的社会事件都是不同的。无论我们处于什么样的境遇中,始终保持积极的态度是第一要素。

在德鲁克的一生中,家庭和天赋让他轻松地进了大学,这不是一个具有挑战性的目标,德鲁克带着明确的意愿选择了实业界,虽然出于对父母的责任感他取得了学位,但是从一开始学术界就不是德鲁克期待的归宿,驳斥纳粹主义也是他具有挑战欲的一个标志。

松下幸之助也有相同的天性资质。作为实业人士,松下幸之助一开始也不是一帆风顺,即使在做佣工的时候,他也努力做好工作,在大阪电灯公司的时候他是一个好工人,总是积极地把手头的任务做完并且做好。这听起来很容易,实际上要做到还真有难度,很多人只会斤斤计较,更关注自己得到的报酬和地位。

德鲁克年轻的时候无拘无束,松下幸之助则是对一般工作没有激情,才选择了风险更大的创业道路,两个决定进退的基准都源于自身内心的愿望。

什么样的环境才能形成这种富有挑战性的个性呢?这很难简单地说清楚,着实是一个非常令人感兴趣的课题。

通过自我反思思考"个体的存在"

第二个资质是,对个体存在有自己的观点。

德鲁克靠敏感的人格成长,持续观察纳粹主义的发展过程,从完全独立的角度阐释了纳粹党人支持纳粹和纳粹爆发的根本条件,其中的主要观点是大众与个人之间的关系。

个体的存在对社会有什么意义?纳粹主义排斥犹太人,导致对个人的尊重荡然无存,只剩下对他们的迫害。

德鲁克预料到了产业社会的到来,思考了社会的组织将如何在各个方面发挥作用,而在组织中个人应该如何履行自己的职责,发挥作用。这样的思考源于德鲁克观察纳粹主义所得出的社会学观点和管理理论。

对松下幸之助来说,企业经营也不是从组织设计开始的,刚创业的时候公司只有三个人,这说明经营组织是个体的集合,松下幸之助对这一点的认识来自他在大阪船场当学徒的经历,不管是不是天意,他身体不好,不得不将工作交给其他人来完成。

"通过把任务交给周围的下属,我一次又一次地体会到,当有机会担当责任时,员工会不断成长并释放自己的潜力。"正是这种经验让松下幸之助决定创立事业部制度，呼吁所有员工形成"人人都是总经理"的观念。员工不是打工者，而是以自己的名字命名的个人公司的主人公，每个人使用自己的能力，将能力作为产品。

德鲁克和松下幸之助为什么能在本质上思考"个体的存在"？原因可能是：他们能在更近的距离客观地看待自己的能力。德鲁克说自己是一个旁观者，一定意识到了自己有能力观察并质疑事物的本质，当然其中的观察对象也包括他自己。

松下幸之助好像也是这样，他强调自我观察是管理者的基本要素之一。他说，人们甚至不能充分地了解自己，所以应该通过创造更多的机会充分观察自己，去看看作为"人"，在自己的立场上应该如何去做。

正是有了这样的思考，不论是德鲁克还是松下幸之助，都能够如此清晰地审视其他人的"个体的存在"。

抓住机缘巧合的能力

第三个资质是抓住机缘巧合，也就是抓住偶然的幸运机会。

正如他们各自著作中所描述的那样，德鲁克和松下幸之助遇到各种人孕育出各自的哲学，可是遇到的人对自己是否有意义、有什么意义，只有当感受能力达到一定程度的时候才能知道。

每个人都在反复经历着相遇和离别，仅仅通过认识某位名人或伟人是不可能领会到经营哲学的，这与你是一个著名商人的儿子，继承了家里的事业，让自己作为商人居于一个有力的地位是完全不同的两种概念。无论是德鲁克还是松下幸之助，都不是仅仅因为邂逅高人才让自己变得更出色。

当然，他们两位都曾与杰出的文学家和实业家有过交集，但是，8岁的德鲁克遇到弗洛伊德的时候能不能一下子就意识到弗洛伊德给社会带来的巨大影响呢？对8岁的孩子来说这只是一段经历而已。懂事以后在回忆弗洛伊德时，在思考人生和社会问题的背景下，德鲁克自然会思考弗洛伊德的人生，回忆起弗洛伊德对他的启发，进而思考那一段相处时光的意义，得到自己的看法。

松下幸之助对于人们的相遇，有时感动，有时痛苦，其中蕴藏的哲理也深深地刻在了他的心中。他对别人说，自己的座右铭是"万物皆吾师"和"我的下属在我眼里是伟大的"。我们能从日常与人的接触中学到多少东西，在与人接触之外，我们又该如何解释和活用自己的经历，其实这才是松下幸之助拥有这些座右铭的最大原因。

不要照搬照抄：经营哲学是一种思维的标尺

关于德鲁克和松下幸之助的经营哲学，我一直在思考形成经营哲学所需要的个人资质，越钻越深，我发现最终还是归结于两个人天生的人格，并不是说这一切都归功于天赋和才能，重要的是我们要思考自己努力的方式。

我们需要什么样的态度和努力才能真正获得正确的经营哲学呢？

如果说经营哲学是一个关于人类价值观和社会秩序的思考体系，就必须通过有意识地、主动地提高自己的修养才能获得，也可以说是对自我学习、成长的期待。这不是一个记忆和知识的问题，而是要探索社会中的人类价值观和行动准则。德鲁克和松下幸之助跟随自己的天性，从早期的实践经验中自然而然地孕育出了自己的经营哲学。

此外,无论遇到什么情况,都要以积极的心态观察周围环境,不断思考组织内外的驱动力是什么,有哪些因素,这些因素的背景是什么等问题的本质。

要自我激励和自我观察,从广而高的角度考虑每个员工的适合性和能力。养成这种好习惯之后,作为经营者,只要反复思考,即使是面对已经有的经营哲学,也不会照抄照搬,而是当作自己的东西来理解。思考"德鲁克会如何看待这个问题""松下幸之助会怎么思考这个问题",有助于养成用两位大咖的哲学进行思考的习惯。

我们没有必要将德鲁克和松下幸之助对问题的思考方式当作金科玉律,应该把两位大咖的理念作为我们思考的标尺,以这种方式持续下去,在不知不觉中我们将以某种思想为基础建立属于自己的哲学思维。

CHAPTER 2
第2章

助力成功的工作观

从德鲁克和松下幸之助对工作和人生的看法中可以得知,忠于自己的个性去生活,比单纯地获得巨额资产或个人荣誉更重要。

他们从自身的工作和生活中得出这样的结论:应该在工作中发挥自己的天赋和优势,让自己的人生变得有意义、有价值,以及追求事业成功或产出成果。

工作是人生的意义

工作是人类的天性

现实当中有多少人对自己的工作感到满意？又有多少人抱怨过自己本来可以有一份更好的工作？确实，有一份自己真正满意的工作是多棒的一件事啊。如果已经找到了自己的人生职业，不论是走向好的人生道路还是希望获得成功，你都已经实现了一半。

关于工作有很多重要问题，譬如：人为什么要工作；怎样找到适合自己的工作；怎么看待、思考和行动才能把工作做得更好或者成为更有用的人才；随着经济社会的变化，工作本身会发生什么样的质变，等等。那么，德鲁克和松下幸之助分别从一个社会生态学家和一个企业家的立场出发，对工作又有什么看法呢？

先看第一大问题：人为什么要工作。

德鲁克说："人不只是因为有精神和心理上的需求而工作，人们想要做成的事情有很多，而能力是工作动力的基础。"(《管理的实践》) 换句话说，人类有一种本能的或者是内在的工作动力，工作动机不是来自像谋生这样的一般社会规范或责任感，而是人类天生拥有能力本身。

德鲁克认为"工作在人生中具有重要价值""人类在天生的能力推动下工作"，那么松下幸之助是怎么认为的呢？

对于工作和人生的关系，松下幸之助强调的是一个人是否能感受到生活的意义所在。每个人都有自己生活的意义，这个意义对每个人来说都是不同的、形式多种多样的，有些人一生只做一件事并在其中寻求自己的价值。很多宗教人士和艺术家都致力于专注一件事情寻找自己人生的意义，这是高尚的，松下幸之助却认为不一定非得这样做。他认为，人们有可能在某一时期从一件事中找到部分人生的意义，当这件事做成后他们又开始寻求新的人生意义，改变自己的人生道路，这同样是有价值的。

从这个角度，松下幸之助在《人生心得帖》一书中讨论了自己的工作观："毋庸置疑，无论是从时间角度还是金钱角度,工作都在每个人的生活中占据了极其重要的位置,这样想来,我们的人生意义是多种多样的,能不能从工作中感受到人生的意义,对我们的一生影响深远,在某种程度上甚至会左右人生幸福与否。"

德鲁克和松下幸之助都认为工作在人生中意义重大。顺带说一下,尽管松下幸之助提倡享受自己的爱好,珍惜自己的家庭,让生活多姿多彩,最关键的还是在工作中感受到快乐和成就感。当然,他不认为工作就是人生的全部,但工作至少是人生价值的主要部分之一。松下幸之助坚信:工作会让人生更为充实。

德鲁克认为,人类对工作有一种本能的需求,"能力是人们工作动力的基础"。对于这一观点,松下幸之助又是怎么想的呢?

松下幸之助认为,人有无限的潜力。他一出生就身体不好,即使在独立经商、开始生产电器之后经常生病,他也想带头工作、身先士卒,可是体力不支。松下幸之助自然而然地把越来越多的工作交给下属,他的健康状况越来越糟,渐渐地把大量的权力下放给员工。结果是令人惊讶的，员工的积极性和能力被意外地激发出来，一次又一次地创造了出乎意料的巨大成果。

有了这些经历，松下幸之助相信人类的能力和潜力没有界限。他说"人就像未经打磨的钻石原石"，大多数时候并不知道真正的自己是什么样的，人时常忽略了要去磨炼自己，我们要意识到自己这块钻石原石只有打磨后才会发光。德鲁克和松下幸之助都认为，"工作"和"人生"是息息相关、紧密一体的。

专注：从建立到发挥自己的优势

如果说工作是人生的重要组成部分，那么一个人应该度过什么样的人生呢？

每个人都想获得成功。如果收获成功是人生的正确途径，可以认为工作就是迈向成功的手段吗？回过头来说，成功的价值又是什么呢？

在这方面，德鲁克在演讲和各种著作中提出了一个独特的问题："你想被他人如何铭记呢？"这个问题最早是在德鲁克13岁时学校的牧师向他提出的。有一天，牧师在教室向每个孩子提出了同样的问题:"你想被他人如何铭记呢?"因为学生们都是一群懵懂的孩子,也许无法判断问题的意图,尽管孩子们没有给出像样的回答,牧师还是给了孩子们这样的启发:"我不是认为大家现在有能力回答才提出这个问题,如果你到了50岁还不能回答这个问题,我想那时的你一定是碌碌无为地度过了一生。"

不仅是德鲁克,班上其他同学后来也意识到,这件小事对他们的人生产生了非常深远的影响。可以说,回答"你想被他人如何铭记呢"这个问题,直接地明确了每个人的人生愿景,也明确了自己怎样看待自我个性、是否重视个人才能,通过透彻理解这个问题的含义,德鲁克取得了巨大的成就,他也不断向人们提出这个问题。

分析自己的个性和才能后,德鲁克倡导人们"专注于自己的优势"。在德鲁克看来,成功意味着在人生中取得成就,而不是指望偶然的幸运,成功指引我们要合理管理自己的人生,以取得对自己、对别人和对社会有益的成就,这份成就对应的问题就是"你想被他人如何铭记呢"。要做到这一点,就要"专注于自己的优势",

德鲁克在很多本书中都提出了这个建议。

作为一名社会生态学家,德鲁克预言了知识型社会和组织型社会的到来,在这个日益复杂的社会中,每个人作为独立的个体,必须让自己与组织互补,个人与组织建立更有意义的关系。为了充分适应社会的这些变化,每个人都要充分利用自己的优势或长处,这不仅仅对自身有益,对于整个社会的发展都具有重要意义。

作为"人"的成功:发挥天赋

松下幸之助也根据自己的人生经历表达了对成功的看法。他9岁进入实业界当学徒,22岁就建立自己的公司,松下幸之助只是一位拥有成功梦想的普通企业家,他对成功的想法跟社会上普遍流传的想法差不多,"在意识懵懂的时候,我只是一味地告诉自己,必须成功"。这里的成功很单纯,只是意味着获得财富、荣誉和社会地位。松下幸之助看到这些获得所谓"成功"的人受到了公众的尊重,就以为这就是"成功"的本质。

后来,松下幸之助开始质疑成功的本质。到底是什么使他产生怀疑的呢?也许是他看到了身边成功企业家的具体例子产生困惑,也许是公司内部的人事问题让他思考每个员工的未来并顿悟。如果成功唯一的标准是成为一家拥有众多员工的公司总裁,岂不是意味着绝大多数人将不会获得成功?松下幸之助开始质疑:用这种局限性的思维方式看待成功是不是有问题?

沉思之中,松下幸之助认识到,每个人作为个体存在,都被赋予了不同的个性、素养和才能,也可以说是天赋。问题是怎么发现自己的天赋?如何把天赋运用到人生中?既然每个人都有天赋,自然都会根据自己的天赋,以不同的方式生活和工作。这样直截了当的思维方式与他的成功应该是直接相关的吧。人们发现,松下幸之助的成功观是建立在天赋论之上的,对于天赋的重视就是他对于成功本质给出的答案。

松下幸之助在《作为人的成功》中这样写道:"我认为,成功或许意味着一个人能够充分利用他的天赋,我相信这是作为人的正确生活方式,发挥天赋不仅能满足自己,还能提升工作成效,给周围的人带来幸福与快乐。在这个意义上,我认为可以把发挥天赋称为'作为人的成功',这种成功才是真正意义上的成功吧。"

当你充分利用自己的优势和天赋,生活的价值会随之展现,这和成功的意义息息相关,虽然意识到这一点所经历的过程并不相同,德鲁克和松下幸之助对成功的看法最终是非常相似的。

职业与天赋匹配

德鲁克:持续地反馈分析,发现自己的优势

如何找到一份能发挥自己的长处、充分活用才能的工作呢?

在《非营利组织的管理》这本书里,德鲁克写到"人们的第一份工作就像一次抽签"。换句话说,立刻就找到能发挥自己优势的工作的概率并不高,就算知道什么是不想做的,我们也有可能不知道自己真正想做的是什么。

怎么才能找到适合自己的工作呢?德鲁克在《21世纪的管理挑战》里透露了一个方法——反馈分析法。这是一种鉴定自我的方式。

首先,想清楚你在工作中想承担什么职责,写下自己期望的目标,九个月或者一年以后,将实际结果与最初写下的预期进行比对,就得到了反馈,再进行分析。据说德鲁克将反馈分析法作为自我修行的手段,修行了50多年。经过连续几年的自我鉴定,你就能确定自己的优势,也能确定什么是自己发挥优势的障碍,还能确定自己的劣势。

在这本书里,德鲁克对于自我鉴定之后应该做的事,细心地提出了七点注意事项:

1)将精力集中在自己已经发现的优势上;

2)进一步精进技能和知识,以便发挥这些优势;

3)纠正自己拥有很多知识这种优越感;

4)改正自己的不良习惯;

5)避免出现不良行为,以免妨碍自己实现目标;

6)不做无法完成的事情;

7)不把时间浪费在努力后也无法精进的领域。

客观地看清自己本来就不是一件容易的事,这个方法可以帮助我们冷静地分析自己的资质,反思自己对工作和行动目标达成的热情程度。坚持定期做反馈分析有助于了解自己的优势,我们也就有可能找到更让自己取得成就的工作。

松下幸之助:宿命论与天赋论并存

今天,基本上每个人都可以自由选择职业,生活在这样的社会,德鲁克认为这反而存在问题,正因为有如此多的选择,年轻人无法了解自己的优势和天赋,所以对一切感到茫然。

对松下幸之助而言,职业生涯开始于另一个极端,与其说那是20世纪,不如说那是封建时代更为贴切。他从9岁开始就在五代音吉的自行车店当学徒,也可以说是在给店主打下手,尽管这份工作很好地训练了他的纪律性,但是在挖掘和发展个人才能方面并没有什么帮助。

15岁的松下幸之助看到了刚刚开始在大街上奔驰的有轨电车,他确信电力事业的前景明朗,决心去大阪电灯公司工作,包括在22岁的时候就独立开公司,这些都是非常戏剧性的决断。德鲁克曾经说过"就业是一个非常普通的问题,也是关系到人们自身实际存在的大问题"。年轻的松下幸之助正是在这种意识的基础上决定了自己的去向。

有趣的是,松下幸之助坦言,自己对做出独立创业的决断并不抱万全的自信,他在《道路无限宽广》中回顾了当时的情形:"我下定决心去生产电器产品,虽然是出于自己的主观意愿,我觉得也不仅仅是这样,进入这个行业的真正原因,是我认识到自己肩负着从事这项工作的命运,因此不能简单归因为主观意愿,而是有一股更强大的力量在推动我行动。如此想来,是一股强大的力量,或者说是一种决心,一种超然的态度,是这些始终在推动我前行。"

松下幸之助从第二次世界大战后的日本经济重建中脱颖而出,成为当时最成功的实业家之一,却依旧保持着谦虚的心态,认为一切都是命运的安排。这大概是因为他的成功已经远远超过自己的预期吧。即便认为那股强大的力量就是命运,在此之外他还有自强不息的品质。近年来,机缘巧合一词备受关注,在松下幸之助的人格和处世方式当中,应该也存在一种独特的能量,驱使他走向成功。

回到工作选择这个话题。和适合自己的职业不期而遇,这样的幸运在一定程度上是需要不懈努力的,但是

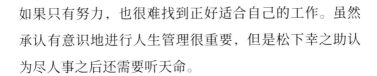

如果只有努力，也很难找到正好适合自己的工作。虽然承认有意识地进行人生管理很重要，但是松下幸之助认为尽人事之后还需要听天命。

"从现实角度出发，判断一份工作的好坏是很重要的，但是我认为在此之上还存在崇高的使命、命运之类的东西，面对这些，我们除了诚实地、坦然地遵从，别无选择，如果这么想，或许能得到某种安心感。"（《道路无限宽广》）

在工作方面也有命运，对松下幸之助提倡的这个想法，德鲁克并没有同感，还有，松下幸之助也说过发挥自身天赋很重要，这两个观点有些相悖。相反，德鲁克主张人们在面对工作的时候要先确认是不是适合自己，这样才能更好地发挥自身的天赋，因此他认为反馈分析法十分必要，对人生意义深远。与之相对，松下幸之助却认为有时候需要用命运论说服自己。

体会工作的妙趣

德鲁克与松下幸之助的想法之间存在的微妙差异，或许源于西方人和东方人的人生观不同，也可能源于学者的理性思维与实业家的经验思维不同。

松下幸之助认为,努力发现自己的长处、主动挖掘自己的天赋,并不是不可或缺的。挖掘天赋是件难事,天赋与工作不匹配更是人生乐趣,有一种无法形容的滋味。

关于这一点,松下幸之助还有一件趣事。

这个故事的时代背景有些早,要追溯到第二次世界大战之前。有一年,一位刚进公司的员工在开座谈会的时候向松下幸之助抱怨自己的工作,他说:"我有无线通信的从业资格,以为会被派到无线通信事业部工作,结果被派到了干电池事业部,被迫在不熟悉的环境里实习,这样下去我想辞职不干了。"

松下幸之助回答说:"这跟你原来相中的部门差了好远啊。但是,松下电器是个好公司哦,你就当被我骗了一回,在这个部门坚持个10年试试看。如果10年以后你的想法还没有改变,你就来找我,一边捶我的头一边冲我吼'你害我白白浪费了10年青春!'我有信心自己10年后不会挨打。"(《从逸事中了解松下幸之助》)

这件事情发生的时候松下幸之助41岁,创业已经

19年，从中不难看出他作为经营者的强大自信，顺带提一下，那位抱怨人事安排的新职员在20年后成了干电池事业部的部长。

客观来看，从发掘天赋的角度，这位部长的选择究竟对不对是没有定论的，但是他的选择的确产生了未曾设想的工作价值和人生意义，松下幸之助所说的人生和工作乐趣，就体现在这些以人的智慧无法预判的事情上。在发掘自身天赋的时候，松下幸之助领悟到命运是多么不可思议，以此为前提，他提出了两点心得。

第一，要有想去挖掘自身天赋的强烈意愿。意识到这一点，就能逐渐听清自己内心的声音，或者因为一个小的契机而有所发现，或者因为有高人指点迷津等。松下幸之助认为，这些事情之所以会发生，是因为人们内心有挖掘天赋的强烈意愿。

第二，要有素直心。松下幸之助所说的素直心并不是一味顺从，而是"不为私心所束缚，能看清事物本质、做出正确判断的心灵"。只要拥有这样一颗心，就不会夜郎自大，不会做出错误的决定。

德鲁克推崇反馈分析法，松下幸之助强调要有强烈意愿和素直心，因为彼此的立场、所在地和背景各不相同，两位大咖看待事物的方法也如此迥异，细细想来，着实有趣。

成为高能人士

胜任工作：积累习惯性能力

接下来要探讨的问题是关于工作方法的。生活在资本主义社会中的大多数人，都必须在企业这一组织中工作。那么问题来了：什么样的工作方法能最大限度地提升工作成果？

不光是私营企业，即使是公职机关，也必须提高其作为一个组织的生产能力。如此看来，还是存在相对优秀的、正确的工作方法的。

德鲁克和松下幸之助二人对于"能做好工作的人""不能做好工作的人"有概念上的区分。

第 2 章　71
助力成功的工作观

　　从多角度举例来看，商务能力可以细分成业务能力、沟通能力、领导能力、决策能力等诸多方面。对此，德鲁克顺着经营学的思路向人们系统地进行了说明。而针对同样的话题，松下幸之助则带着几分道德色彩解释了如何更好地工作。他们两位的论述差异显而易见。本书将继续对比他们是如何看待每一个要素的，探讨"能做好工作"究竟需要什么。

　　首先，关于能力，人们一般会觉得因为某人"能做好"从而认为这个人有能力，但德鲁克认为"能做好"和有没有能力是毫无关联的。

　　德鲁克断言，拿得出成果和拿不出成果的人之间的差距，并不在才能方面，而在于"有没有学会某几个行为模式和基本规则"（《非营利组织的管理》）。换言之，就是有没有积累的习惯性能力。

　　那么，那些行为模式、规则、习惯性能力，学起来是不是很容易呢？德鲁克认为，这些事情连小孩子都能完全理解，因此本质上不是很难。它不在于人的天资是否聪颖，而在于平时能否细心留意、潜心修炼。一言蔽之，即使能理解，不真正掌握也无法发挥其作用，因此想要这种能力在成果上体现出来,就必须经过长年累月的修炼积累。

另外,松下幸之助的人类观是每个人都像未经打磨的钻石原石,如果没有特殊情况,根本不可能出现能力不足。他的原则是,所有人都有能力,而且能力是被激发出来的。

无论是被他人激发潜力,还是自己发掘出潜力,具体需要做些什么呢?在这点上,德鲁克和松下幸之助都认为精神准备是关键。

热情、诚意、真挚

德鲁克所说的"习惯性能力"究竟是一种怎样的能力呢?《卓有成效的管理者》等书中提到了"管理时间""聚焦于达成目的应承担的职责和贡献程度""以发挥优势为准则""决定优先顺序""做出决策",等等。

为了拿出成果,需要先对自己具体能做什么、产生什么贡献有个大致的了解,再配合这点去考虑要如何分配时间,合理地学习知识和技术,用怎样的顺序去做决策。德鲁克所说的能力,指的是有这种做事姿态,并以这种姿态同步掌握沟通能力和领导能力等待人接物的方式。德鲁克所说的"精神准备",可以说是从"自己想要的成果是什么"这一问题的自问自答开始的。

相比之下,松下幸之助比起去分析工作究竟是什么,更强调作为工作主体的人所具备的精神准备。其中,他特别强调"热情"和"诚意"这两点。在《人生心得帖》一书中,松下幸之助写道:"我认为,不管是谁,不管身处人生中的什么阶段,若下定决心想要做成某件事,那么对这件事有热情和诚意就是成事之关键。"

松下幸之助阐述了"热情"和"诚意"的重要性,而德鲁克则阐明了自己对"真挚"的追求。德鲁克在自己的管理学巨著《管理的实践》中,强调"真挚"的重要性,认为每个人在学习知识和技术之前,应该先将"真挚"这种素养深藏心中。

因此,虽然德鲁克和松下幸之助都强调精神准备,但所指内容略有不同。德鲁克提倡在面对需要达成的工作成果或是承担的责任时,从自己究竟能做多少贡献开始一步步倒过来思考,反思自己的成长。可以说是抛开感情,站在理性行为的基础上去阐述自己的观点。而松下幸之助则强调用心,在理性地采取行动之前,先调整自己的心理状态,专心发挥自己的"热情"和"诚意"。

如果从德鲁克的想法出发,"热情"和"诚意"更像是一个人与生俱来的素养的一部分。不管怎样,"热情""诚意""真挚"三要素,是工作能力强者的必备素质。人们常使用"专业人员"这一说法,可以说在德鲁克和松下幸之助眼中专业的本质在于"热情""诚意"和"真挚"。德鲁克认为,如果一个人缺乏"真挚"这一素养,即便他与人为善、助人为乐、天资聪颖,对组织而言都是个危险人物,也无法评价其为一名合格的绅士。

用报告—联络—商量赢得信任

人必须在类似于企业的组织中工作。德鲁克早就预言过组织型社会即将到来。当今社会上活跃着各种各样的公司、非营利组织和非政府组织,在社区和工作中也有各类集体活动,因此与组织打交道已经成为现代人的必修课。

在这样的社会里生活,沟通能力必不可少。对于

"能做好工作"的人而言，沟通能力有多重要呢？在组织中要和同事沟通，在组织外要和客户沟通，有些时候还要和利益相关者沟通。

仔细想想，除自己以外的每个人，甚至包括现在走在面前的人，都可能成为你的客户。所以生而为人，无论何时都离不开沟通。

在德鲁克看来，沟通是否成立，取决于沟通对象是否认识到我们在进行沟通，这点至关重要。德鲁克在他的著作《管理：使命、责任、实践》中引用了柏拉图在《裴洞篇》里提过的哲学家苏格拉底的话"用木匠的说话方式与木匠沟通"，并指出如果不使用对方的说话方式与其沟通，那么沟通就毫无意义可言。这听起来似乎理所当然，但在沟通的时候，默认对方对这种常识了然于胸，不过是我们天真的想象。所以德鲁克强调为避免在沟通中产生误解，理解对方的期望、察觉对方的心情，并与之同频，是非常重要的。

松下幸之助并未像德鲁克那样将沟通定义为商务能力，并系统地阐释其要点。他在自己的著作中，强调通过自己的见闻亲身体会到了沟通的重要性。

以一个案例来说，在 1942 年公布的社长经营方针中，松下幸之助对企业管理者说："必须不间断地向下属重复自己的理想、希望、要求等，让下属深刻地认识到这些。"松下幸之助认为，必须让下属将报告、联络和商量铭记在心。虽然这个方针主要是为了处理上下级之间的关系，但松下幸之助强调，用该方针也可以形成令组织内部活动更加顺利的礼仪方式及思考方式。

例如，"礼法是润滑油"这句话，强调了职场礼仪。职场聚集了性别、年龄、思维方式等各方面存在差异的人。所以在职场中，即使传达的信息不那么重要，也可能会受传达者态度的影响，导致对信息的理解产生偏差。话虽如此，若能贯彻以礼法规定行事，误解便不会产生。

报告、联络和商量受 TPO（时间、地点、场合）制约，因此可能出现不同情况。松下幸之助认为，带着服务意识去履行此义务非常重要。举例来说，上司让下属与客户沟通，下属会说"好的"，并执行任务。这项工作到此结束也没什么问题，但若是下属再向上司说一句

"我已打完电话"报告完成情况,则更显机敏。因为这种落实到细节的用心,能赢得上司的极大信任。

领导力是工作,也是人格魅力

领导力,顾名思义,是领导一个组织的职责和功能。无可否认,这种能力是衡量一个人的工作能力的重要因素。说起来很容易,但想用行动展示出来却非常困难。

人们常常误以为领导力是只有具备领袖魅力的人才有的特质,或者是身居高位者才需要花心思去掌握的能力。而事实上,松下幸之助作为一名经营者,并不以威严服人,令人望而生畏。德鲁克认为,领导力指的并非人际吸引力,也不与领袖魅力等同。领导力指的是能够胜任为组织设立目标、确定优先级、制定并维护标准这类工作的能力。此前人们很容易对领导力产生误解的原因是,人格和人性被视为最重要的要素。

为下属的失败负责,最大限度发挥下属的长处。当下属成功时,将下属的成功视为自己的成功,而非对自己的威胁。此外,对自己和下属都要求严格。呈现出这类姿态的人,才是德鲁克口中的具有领导力的人。而更高水平的领导力体现在能为周围的人提供能量和实现愿景上。德鲁克认为,达到这一水平的领导力极具价值。

现实中,在职场担任日常工作的领导者需要意志、勇气和度量。在"枪打出头鸟"这种文化背景下的日本社会中,领导力很难得到发挥。德鲁克却认为,对组织的绝大多数活动而言,领导者具备领导力也是一项不可或缺的"工作"。德鲁克的看法,能够减轻人们对发挥领导能力的心理排斥。

另外,松下幸之助的领导力理论与德鲁克的功能主义工作理论存在根本上的差异。松下幸之助的想法以组织的实际状况及其自身经历为轴,所以更强调人格理论。因此,他的领导力理论更关注为了达成目的,一个拥有怎样特质的人该如何去善用他人这个话题。

我们可以用"率先垂范""品格高尚""知晓自身缺点""有能够听自己抱怨的下属"等语句来描述松下幸之助所说的领导力。"率先垂范"无非是居于人前,为别人提供榜样。不过,这并不是指盲目地领导他人。虽说率先垂范的典型举动就是无论什么工作都能主动出击,但这种行为很容易弄巧成拙、搞错自己的立场。因此伺机而动，将任务交给下属反而是明智之举。那么，在这种情况下领导者应该展现出怎样的领导力呢？

松下幸之助认为，即便把工作交给下属，也别忘了展现自己以身作则、奋不顾身地推进这项工作的气魄。即使实际上执行任务的并不是自己，也应展现出自己在直接跟进这项工作的态度。而这份态度就是领导力的体现。基于这个想法，不难发现领导力的表现形式非常多样，而有时它不会表现出来，例如"品德高尚"是领导者不可或缺的能力。松下幸之助直言，高尚的人格是经营能力中的一大要素。他不仅指出了这点，也在自己的经营过程中实际证明了这点。

而松下幸之助的经历也非常鲜明地体现了"知晓自身缺点"这点。松下幸之助深知体弱多病、没有学历是自己身上的负面要素，但他并不引以为耻，也从不隐瞒。无论如何，当一个人身居高位，就很容易在形象上表现得更敏感，还有羞于向追随者们展示缺点的倾向。然而，松下幸之助认为这样的想法是错误的。松下幸之助回忆道，自己通过公开自身缺点，才获得了下属的理解与配合。德鲁克提倡展现自身优势来体现领导力。而松下幸之助公开自己的缺点的做法，也是一种体现领导力的方式。

此外，"有能够听自己抱怨的下属"这点，充分体现了松下幸之助重视领导者人性的想法。工作能力强的领导者通常倾向于以"成为超人"为目标。而这种目标会带来很大的压力。

松下幸之助经常用石田三成㈠之于羽柴秀吉㈡的意义来打趣。羽柴秀吉在织田信长㈢这样脾气暴躁的将军身边工作，为了不触碰其逆鳞想必下了不少功夫。而他之所以能够让自身背负的巨大压力得以缓解，是因为他有一位像石田三成这样忧其所忧的下属。不管实际情况如何，松下幸之助都认为，身居高位的同时，若身边能有这样一位得力助手，自己的领导力将得到极大提升。不

㈠ 石田三成（1560—1600），战国时代武将，丰臣秀吉的官僚。少年时开始侍奉丰臣秀吉，终生支持丰臣政权。——译者注
㈡ 羽柴秀吉（1537—1598），即丰臣秀吉，战国时代武将。成为织田信长的家臣时的名字是羽柴秀吉，后来继承了织田信长的衣钵，统一了天下。——译者注
㈢ 织田信长（1534—1582），战国时代武将，志在统一天下，死于本能寺之变。——译者注

过,是否能遇上这样的得力助手,就纯靠运气了。

正确决策:定义目标+现场主义,素直心+兼听

工作执行,始于决策。正确的决策能高速推进工作,错误的决策会令工作停滞不前。

对此,德鲁克认为首先要理解问题的本质。这要求领导者能准确地判断遇到的问题是一般问题、特殊问题,还是可能多次发生的问题。除特殊问题外,领导者需要根据原则、方针和基准来解决问题。德鲁克的总结实在精辟。

不过,实际上方针是很难被立刻决定的。即使领导者辨明问题所在,也可能会遭到质疑。那么,当意见出现分歧时该如何处理呢?德鲁克认为应该遵循"正确性"的标准。所以接下来该做的是明确"正确性"的标准是什么。虽然最终还是需要有人妥协,但仅以某一特定人物的"正确性"为判断标准,就本末倒置了。千万不能偏离最初发现的问题本质。

除此之外,德鲁克积极鼓励领导者要亲临工作现场

来确认工作。如果现在还是按照既定方式行事，过去的做法已经过时，那么迫切需要改变做法。最好的判断方法就是亲临现场。而亲临现场了解工作的现状和问题点，准备万全之后，就需要鼓起勇气决策了。如果将要下达的决策对组织成员而言易于接受且易于实施，则万事大吉。然而，德鲁克认为，在做真正有必要的决策时，往往会经历一个相当痛苦的过程。

尽管表达方式上存在差异，但实际上松下幸之助在决策方面的想法与德鲁克大同小异。松下幸之助在1976年接受杂志采访，被问及经营者决策的要点时，做出如下回答：重要的是看到真相。为了看到真相，必须心无杂念、保持一颗素直心。谁都有可能无意识地被某些东西所束缚。比如说，沉迷于社会地位和公众声誉。而领导者必须对自己有一种信念，让自己脱离名誉的束缚，否则，将无法很好地处理分歧。

松下幸之助在某次采访中，阐述了他在意见出现分歧的状况下如何进行决策："即使是闲言碎语也必须得听。如果挡住所有闲言碎语，会演变成专制主义。但需要注意，不要被闲言碎语干扰。得学会分辨，什么该听、什么不该听。经营者如果没有分辨闲言碎语的能力，很容易出现决策失误。而决策失误会给企业带来损失。从这个意义上来说，经营者只有一边听闲言碎语一边分辨，才能做出正确的决定。"

德鲁克认为首先应该思考什么是正确的，而松下幸之助认为要看到真相。两个观点的内容基本相同，唯一的区别在于，什么是辨明真相的基础。松下幸之助认为应保持一颗素直心，这要求经营者努力提高自身修养，追求个体成长。与此相对，德鲁克提供了技术性方法，他在《卓有成效的管理者》中说："取得成果的人会根据情况有意识地制造意见分歧，因为这样做不仅能排除看似合理但有问题的意见，也可以防止被不成熟的意见所欺骗。"

对比两种方法的差异，可以看出松下幸之助的想法是从自己的主观意见中提炼出来的，而德鲁克的想法是试图从多种角度追求更客观的结果，在此基础上，思考工作能力强的人拥有什么特质。德鲁克和松下幸之助虽然展现出了不同的感受和立场，但归根结底，二人的想法非常相似。

分公私、辨善恶,值得信赖

对于工作能力强这一点,还可以从其他角度来理解。德鲁克从沟通能力、领导力和决策能力等各个因素来评判工作能力的强弱。而松下幸之助则从人格、心态等心理层面进行综合判断。包括松下幸之助自己在内,所有实业家的经验法则都是他的想法的重要前提。松下幸之助为众多前辈经营家的人格魅力所倾倒,对他们表示崇高的敬意。可以说,松下幸之助能阐明成功者的人格共性和心理构造的原因,是他遇到过很多可被尊称为经营大师的人物,受到了他们思想的熏陶。

此外,松下幸之助还经常使用"帮得上忙的人"这个词。他通过问"那个人是否帮得上忙",以此来判断员工的实力,以及员工是否值得信赖。他口中值得信赖的人指的是工作能力强、能胜任各种工作的人,可以从员工的决策方式来判断他是否符合上述标准。松下幸之助在《思考方式》一书中说:"(在决定进退的时候)有时必须超越利益来判断。有时不得不超越个人利益甚至是公司利益来决定。在这种情况下，超越自己的利益，能够坚持做自己认为正确的事情的人，我认为他就是值得信赖的人。"

此外，能在这种场合活跃的人，本就具备这样的素质，而且还不断地培养自己应对这种情况的觉悟和精神。从松下幸之助的经历中，就能看到他有时候这样做。从上述内容来看，可以将判断工作能力强弱的标准总结为以下两点。

第一，正如德鲁克所说，不必忧虑自己是否有胜任该工作的能力。即使迄今为止你经常被评价为"不适合担任领导者"，也不必气馁，轻松地看待这个问题便是。

第二，要具备忍耐力和勇气等特质，并在此基础上拥有分公私、辨善恶的明确的伦理道德标准。这些特质在很大程度上与决策有关，并最终影响你可完成的工作范围。这个说法很有说服力，但需要自我反省。不管员工本身业务能力多强，如果自私自利，组织的工作还是无法顺利进行。这点必须牢记。

消除倦怠，开启第二人生

享受工作的一生

德鲁克和松下幸之助等人都有与普通人截然不同的一面。他们的规划当中都没有涉及何时退休这一点。松下幸之助重视秩序，适时地从社长、会长等位置引退。然而，他从未放弃成为一名终生经营者的信念。在他以88岁高龄出席经营峰会的时候，松下幸之助当着高管们的面说："我这辈子都不会退出公司。我会再工作20年或30年。即使溘然长逝，把我泡在福尔马林中，我也要继续亲眼守护公司。"他一直维持着工作的动力和责任感。

德鲁克也是终其一生不停地在思考，不断地向社会传递信息。他以敏锐的眼光审视20世纪的管理方式，并持续地展望未来。

两人对待工作的精力如此旺盛，令人惊叹。普通人一般会按法定制度退休，结束工作生涯。但这也发生了变化。从前人的寿命不长，退休之后会考虑如何度过余生，但现在退休推迟，预期寿命变长，所以不少人会在退休之后保持终身学习。

随着长寿社会的全面到来，可以说，找工作的目的从谋生转向了实现人生意义。事实上，即便达到退休年龄，也无法立即领取养老金。㊀所以晚年的人生规划说不上非常稳妥。

人人都是知识工作者

德鲁克让我们展望未来。正如他在书中经常提到的，德鲁克所说的社会趋势，指的是知识型社会和组织型社会的到来。现在，IT 革命正好支持社会向组织型社会过渡。IT 革命尚未结束，势头正猛。

这将给工作带来什么变化呢？众所周知，知识劳动代替了体力劳动成为趋势，在质量和数量上实现了权重的增加。这从能用电脑高效完成的工作不断增加以及业

㊀ 日本的法定退休年龄是 60 岁，但是根据日本的养老金制度，养老金从 65 岁开始支付，存在退休后 5 年没有收入的情况。根据日本最新的法律，从 2025 年起，如果员工希望继续工作到 65 岁，那么企业必须与这些员工签订合同，不能 60 岁就解雇员工，而是必须让员工工作到 65 岁为止。——译者注

务效率飞速提升,就可见一斑。有了 IT 逐渐淘汰掉一些过时的工作,这一趋势并不可逆。此外,包括互联网在内,信息媒体的规模越来越庞大,或许将创造出新的价值。新的 IT 革命的本质随着信息价值观变动,迫使工作也发生改变。

于是,产生信息价值的本质在于如何将知识有机地结合在一起,这将体现出巨大差异。知识集合的密度及其价值的融合程度,将以信息质量差异的形式清晰地体现在组织的成果中。

在社会的这些变化之中,个人为了取得工作成果,拼得更多的是如何将知识作为工具,更好地利用它的个人感知能力。德鲁克指出,受感知能力制约,知识劳动的生产性质将成为最大的课题。绝大多数公司已在办公桌上安装了电脑,可以说现在已经是人人都是知识工作者的时代了。所以每个人都必须知道他们应该处理的信息并考虑工作质量,因为这会直接影响到工作成果。

因此,德鲁克和松下幸之助均强调,必须清楚自己是怎样的工作者,知道自己的优势、工作风格、价值观等，在经营过程中能更客观地看待自己是十分重要的。

第二人生：创造成果，贡献社会

德鲁克提议更深层次地思考第二人生。在对工作产生了厌倦和惰性，45岁达到工作能力全盛期，发现可学之物寥寥无几的时候，意味着我们的第一人生已达到极限。在松下幸之助看来，这体现了修养的匮乏，而在德鲁克眼中，这是一个非常现实的问题，因为组织和知识劳动者不免会出现这样的疲惫状态。因此，知识劳动者到法定年龄需要退休，但哪怕工作无聊，德鲁克也希望知识劳动者可以继续工作下去。

鉴于这些情况，德鲁克提议对自己的第二人生进行管理。也就是说，我们应该脱离将一份工作做到极致所带来的疲惫状态，而致力于纵观全局，采取即使年龄增长也努力取得最佳成果的态度。

实现这一点的其中一种方法是离开原来的公司，此外还有比如拥有第二份工作，成为社会企业家并从事非营利性工作等方法。这是种极具吸引力的说法。德鲁克想传达的并不是在一个组织中获得成果或成功，而是不断地为自己的人生创造成功机遇的重要性。

松下幸之助也从实业家这个身份所背负的巨大责任感中体会到了自己的人生意义，因而并未对经营者的工作感到厌烦。而且，德鲁克所言的第二人生，在松下幸之助身上也有所体现。他从 50 多岁开始重新进行 PHP 研究，成为慈善家，建立松下政经塾等机构并不断地产出成果。

松下幸之助是一个成功者，因为他在为社会做出巨大贡献之前，将自己的才能发挥到了极致。这正印证了他所说的作为一个人的成功。从德鲁克和松下幸之助对工作和人生的看法中可以得知，忠于自己的个性去生活，比单纯地获得巨额资产或个人荣誉更重要。

他们从自身的工作和生活中得出这样的结论：应该在工作中发挥自己的天赋和优势，让自己的人生变得有意义、有价值，以及追求事业成功或产出成果。

现在的许多年轻人无法找到自己的优势，也无法认识到工作之于人生的意义。这对社会和个人来说都是一件可悲的事。

这不是能力问题。只是他们没能意识到自己身上的工作潜力。身处于富裕之中的人们，必须重新认识到，人终其一生必须产出一些成果这一事实。

对于很多产业人来说也是如此。即使我们隶属于某个组织，但只要我们对工作失去热情，或者说放弃自己追求在真正意义上取得成果的责任，就只会迎来靠惯性赚钱这一结局。我们应该意识到，追求一种充分利用我们自身天赋和优势的生活方式实际上是在拯救我们自己。

工作在人生管理当中占比极高。我们应该审视工作对于自身的意义，重新考虑自己一生中的追求，并思考自己最终想以怎样的姿态被他人铭记。

CHAPTER 3
第 3 章

经营管理的共同价值

在德鲁克的哲学思想和松下幸之助的哲学思想中，关于企业家观的共通之处是什么呢？

答案是：经营管理不仅可以用于以盈利为目的的企业，也可以用于运营非营利组织、各类社群，甚至可以安排个人的日常生活，帮助个人进行中长期的人生规划。

德鲁克和松下幸之助都主张经营管理具有普遍性，如果每个人都像企业家和经营者那般自觉，就可以通过积累知识技术和提升人格修养来改变自己的生活方式。可以说，这种想法具有划时代的重大意义。

德鲁克：企业家存在的社会价值

企业家群体的社会存在

虽然各个企业的顶层人士被称为企业家或经营者，但他们所处的境况却是千差万别的，既有业绩好到合不拢嘴的人，也有负债累累、做好觉悟准备清算公司财产的人，这两类人的处境在未来也可能发生转换。虽然有人能由此获得高等身份，但鉴于所涉及的风险和随之而来的巨大社会责任，并不是所有人都能担当得起。

成为企业家和经营者不需要执照，当你开始创业后，自然会成为经营者。可是，在成为经营者之前有必要了解应当承担的责任，再进行公司经营。实际上大部分的经营者都没有机会从根本上思考这些问题就顺势上任了，当然他们的目标很明确，就是增加利润，为此他们会去学习系统的企业管理知识和技能来实现这一目标，这种做法相当普遍。

虽然这样做也不错，但是如果要成为一名经营者，就需要仔细思考企业家和经营者在社会中应该扮演什么样的角色。这是因为大多数的企业丑闻都是关于伦理道德的，而伦理道德的缺失并不是单纯因为经营者缺乏规则等相关知识，这一切都跟作为"人"的认知有关。

德鲁克和松下幸之助都思考了企业家和经营者应该具备的特质，虽然也从如何赚钱的角度来探讨，但更多的是从他们在社会中的作用思考。不同的经济学家在各自的时代视角中发现了企业家和经营者的存在，意识到这个群体的作用。我整理了这个群体从古至今的共同之处：

1）在一个企业组织中拥有权力，管理组织并使之正常运转的人；
2）经营中的风险承担者；
3）发展公司的创新者；
4）追求利润的人。

接下来我们从这四个方面来思考。

熊彼特：努力创新的人才是企业家

在研究德鲁克哲学中的企业家形象之前，我们先看看是哪位经济学家影响了德鲁克。这时候必然谈到两个人：熊彼特和凯恩斯。

首先,同为奥地利人,熊彼特可能是德鲁克接触的第一位经济学家。他们都提倡创新的重要性,思想方向十分一致。

实际上,熊彼特是德鲁克的父亲阿道夫的学生,在很小的时候德鲁克就已经跟熊彼特有过一面之缘,在《成为职场人的条件》一书中,德鲁克讲述了和父亲一起与晚年熊彼特的再会,这是改变他一生的七次经历之一。

熊彼特 30 岁的时候,这位杰出的经济学家因为说过"要成为欧洲最好的骑手,要被称为世界上最好的经济学家"而出名。阿道夫问熊彼特,这么多年过去了是否还这样想,熊彼特笑着回答说:"这些问题仍然很重要,不过我已经改变主意了,现在我想培养尽可能多的优秀学生,以成为一流经济学家的老师而闻名。如果你不能改变别人,你就没有办法改变任何东西。"

从这次与熊彼特的简短交流中,德鲁克获得启发。他写道:"第一,人们必须要问自己,你想被他人如何铭记。第二,这个问题的答案必须随着年龄的增长而改变。第三,使别人变好才是真正值得称道的。"其中,"你想被他人如何铭记"和第 2 章的牧师的提问是同一个问题,这个问题吸引了德鲁克的注意。

熊彼特的职业生涯丰富多彩,他开始是一名法学家,年纪轻轻就成为一名成功的经济学家,之后在他的祖国奥地利担任财政部部长,因为有这样的生涯,熊彼特的话对德鲁克产生了巨大的影响。

另外,熊彼特因为倡导"创新"而闻名于世,他认为经济发展是生产要素创新的结果,努力创新的人才是企业家,还论述了企业家精神的重要性。跟熊彼特一样,德鲁克也提到了创新的重要性,可以说,德鲁克将熊彼特提出的创新这个课题看作管理的一环,使创新这个课题系统化了。

指出凯恩斯理论的局限性,更关注"人"

德鲁克跟凯恩斯也认识。1933 年,德鲁克为躲避纳粹的迫害来到英国,次年他在剑桥大学参加了凯恩斯举办的研讨会,两个人由此相识。

当时,德鲁克注意到自己和参加研讨会的人之间的差异:以凯恩斯为首的参加者都只对产品趋势感兴趣,自己则对产品相关者的行为感兴趣。

正是这种差异让德鲁克意识到自己根本就不适合做一名经济学家,甚至还宣称自己不是经济学家。德鲁克确实很欣赏凯恩斯,他认为凯恩斯是 20 世纪最伟大的经济学家,他对货币有新的见解,是第一个针对经济低迷和失业之间的因果关系提出相应理论的人。

但是,德鲁克在指出凯恩斯理论局限性的同时,也意识到经济学的局限性,他在《生态愿景》一书中写道:"在经济理论的世界里,凯恩斯是起点,也是终点。他认为古典经济学不再有效,并说明了原因,也明确表示,经济学必须回答一个新的问题——人类作为'人'而不是作为经济机会,是如何影响经济的。"

由此可见,德鲁克的立场在某种程度上稍稍远离了凯恩斯,更接近把企业家视为经济主体的熊彼特。

领导人的错误认知才是巨大的风险

接下来依次看一下前面列举的四个共同之处:①在一个企业组织中拥有权力,管理组织并使之正常运转的人;②经营中的风险承担者;③发展公司的创新者;

④追求利润的人。

"在一个企业组织中拥有权力,管理组织并使之正常运转的人",第一点对德鲁克来说是显而易见的,既然是企业家在管理企业,管理就伴随着决策,在德鲁克的管理哲学中,企业家可以按照自己的意愿随意进行管理。

第二点,"经营中的风险承担者"。简单来说,我们可以想象一下纪伊国屋文左卫门⊖。当文左卫门意识到大丰收的纪州⊜柑橘在大阪市场上被压价出售,但是在江户⊜却供不应求时,他将一艘破船改装成了运输柑橘的船,说服了那些害怕波涛汹涌的大海的水手们,将船驶向太平洋,尽管有好几次差点丢了性命,最后还是成功抵达江户。众所周知,正是因为文左卫门克服了海上运输货物的困难,他的生意才会成功。简而言之,商业中存在着各种风险,企业家们需要克服这些风险。

那么,德鲁克是怎么看待"风险与企业家和经营者

⊖ 纪伊国屋文左卫门,生卒年不详,日本江户时代的富商。——译者注
⊜ 纪州,现在的日本和歌山县。——译者注
⊜ 江户,现在的东京,德川幕府的所在地。明治维新后,日本首都从京都迁移至此,改名东京。——译者注

常伴"的呢？事实上，虽然德鲁克承认在不确定性上确实有风险，但是他认为成功的回报超过了任何风险，基于这种预期，与单纯地从头到尾追求现实效益相比，追求企业家精神的风险会小得多。德鲁克在《创新与企业家精神》一书中提到，企业家的商业雄心所涉及的风险一般只是由于企业家尚未建立起相关的方法论，如果根据明确的目的进行创新和管理风险，就不会出现高估风险的情况。

另外，德鲁克认为企业家所面临的风险在于没有处理经营问题的方法论，也就是说，碰到问题只能袖手旁观。虽然会出现各种各样的情况，但是如果企业家能够稍微意识到自己的经营所面临的问题，还是可以找到对策的。与之相比，最糟糕的是，当已经需要创新才能应对的时候，企业家却没有意识到形势的严重性，认为只要采取几个小步骤就能渡过难关。在德鲁克的逻辑中，领导人这种错误的认知才是巨大的风险。

抓住创新的机会，敢于承担风险

谈到"发展公司的创新者"，德鲁克对企业家的看法似乎更偏重成为一个革新者。革新，或是说创新，沿袭了熊彼特的主张，德鲁克也认为这与企业家的本质息息相关。然而，德鲁克的创新观与熊彼特的不同。德鲁克认为，如果能很好地理解公司发展的原理，就能轻易地抓住机会，并在日常管理中加以落实。

熊彼特所说的创新是指资源的结合，具体是以下五点：

1）新的产品和良好的质量；

2）新的生产方法；

3）新的市场；

4）新的供应来源；

5）新的组织。

熊彼特列举了可能出现创新的领域，而德鲁克关注的是更有可能产生创新的机会。德鲁克在《创新与企业家精神》一书中指出了七种机会：

1）意料之外的成功和失败等一系列出乎意料的事情发生时；

2）当实际情况与设想情况之间存在差距时；

3）当需求存在时；

4）当产业结构发生变化时；

5）当人口结构发生变化时；

6）当人们的观察方式、感知方式和思考方式发生变化时；

7）当新的知识出现时。

德鲁克基本上认为，我们应该抓住这些机会，时常做出改变，为创新创造机会。熊彼特从宏观角度论证了企业家的必要性和创新的意义，而在现实的企业组织中发现管理的德鲁克则认为，创新作为管理技术的一环是随处可见的。这种情况下，领导人必须具备敢于承担风险的企业家精神。

利润是衡量组织存在意义的标尺

作为"追求利润的人"，利润对企业家来说意味着什么？"企业家"这个词的原始意义可以追溯到中世纪：企业家是利润榨取者，在买卖中追求最大利润的人，换句话说，企业家以盈利为唯一目的。

德鲁克在《管理的实践》一书中说，利润不是企业或事业的目的，而是企业为社会做出贡献的条件。也就是说，事业本身就不是因为能赚多少钱才做的，在研讨事业存在的意义时，应该把利润作为衡量是否对社会有意义的标尺，他在《不连续的时代》中也强调了投资成本必须能够可持续地回收。综上所述，德鲁克认为：利润动机本身不应该是企业的本质。对于企业来说，利润不是首要目的，事业本身才是最主要的目的，正当的利润是衡量企业存在意义的标尺。

我们应该如何看待企业家呢？通过整理可以发现，在德鲁克哲学中，"企业家是管理企业发展的人，他通过强大的企业家精神，承担风险、推动创新，以稳定提高利润作为衡量组织存在意义的标尺"。

松下幸之助：企业家的大义担当

企业家对公司负最终责任

接下来，让我们研究一下松下幸之助经营哲学如何看待企业家。就松下幸之助而言，自从9岁开始当学徒以来，他就根据在实业界的亲身经验和许多关于企业家的见闻，提出了自己心中的企业家形象。可以说，松下幸之助的观点是基于自己的经验，具有实践性。

松下幸之助认为企业家的存在极为重要，因为企业家在企业组织中拥有权威，负责让组织正常运作。

换句话说，松下幸之助的观点是：企业家要对一切企业活动负责，出于这种责任，企业家在原则上要拥有相应的权力。

1964年4月8日，在世界青年总裁组织的日本分会会议上，松下幸之助说："一个公司的成功或者失败是企业家一个人的责任，而不是执行董事或常务董事的责任，我们必须对这一责任抱有清楚的认知——企业家必须始终抱有'如果公司运营出了差错，我要切腹自尽'的觉悟。如果有人能做到这种程度，我认为他在温泉里享乐也没什么。"

松下幸之助说，企业家无论多么努力地、勤勉地工作，也只是一个人在努力而已，因此企业家必须始终向全体员工提出要求。企业家的工作就是提出要求。企业家必须时时刻刻保持这样的自觉。企业家拥有全部权力，因此必须承担全部责任,他是决策者、组织者、协调者,也是最终负责任的人,企业家的作用和意义是巨大的。

松下幸之助认为,经营者的第一个要求就是:必须有坚定的事业观,要有一个基本方针——通过经营这家公司,切实为社会的繁荣和人民的福祉做出贡献。经营者的首要任务是明确自己开展事业的大义担当,说清楚公司生产的产品和服务对消费者有多大贡献。

我们也要考虑一下风险承担者在经营中的立场。德鲁克说,即使存在风险,与成功时获得的巨大成果相比,这些风险是微乎其微的。相对而言,松下幸之助认为:"企业家是那个一直要操心的人。经理要操心小事,总监要操心稍微大一点的事,自然企业家就要操心公司的大事,这就是为什么企业家的工资总是最高的,这份工资就像是付给他的操心费。"(1960年11月20日在中小型企业座谈会上的发言)

松下幸之助认为,企业家自然需要承担风险。"因为操心而逝的企业家,就如同战死在沙场上的士兵,虽死犹荣。"这不是危言耸听,而是松下幸之助基于自身经验的觉悟。

日新月异 = 创新：从经营理念到人人参与

企业家作为创新者在公司发展中起什么作用呢？松下幸之助本人没有特地使用过"创新"这个词，但在他的话语中，确实强调过创新的重要性。

松下幸之助平常一直提倡"日新月异"这个理念："为了正确地经营一家企业，必须有正确而普遍的'经营理念'，将经营理念贯彻到实际经营的时候，重要的是根据所处的时代和当时的状况灵活应对。社会每时每刻都在变化，为了在社会中发展，企业必须适应社会的变化并领先一步。"这种经营态度就是松下幸之助所提倡的"日新月异"的理念。

德鲁克大力提倡创新，目的是适应变化，甚至是主动创造变化，松下幸之助和德鲁克对创新的想法是一致的。

在松下幸之助身上发生过这样一个故事。

有一天，松下幸之助晃晃悠悠地走进销售部门的一个大办公室视察，并在一个经理的椅子上坐下来。松下幸之助拿起刚好放在桌上的一盏自行车灯，一边调试着开关,一边问"现在的开关变成什么样了",经理回答"还在用您手里的这种开关"。松下幸之助听到这个回答,温和的神情立刻大变。他愤怒地喊道:"这个开关是我当时开发的,这盏自行车灯里,哪一个地方用了你的主意?你没有做任何事情,是吗?你什么都没做!"他并没有就此罢休,甚至从椅子上站起来,伸出手说:"把我的钱还给我,把我给你的工资还给我!"

松下幸之助为什么会有这样的反应?也许是因为他无法忍受旁人对于创新所展现出的消极态度。松下幸之助认为,创新不仅仅是企业家要考虑的问题,也是所有员工都必须拥有的职业素养。

利润是社会的共同财产:正当地获得适当的利润

关于利润,松下幸之助认为,通过增加利润来维持和发展公司是经营者应该具备的态度,不过他还说过"我们决不应该认为仅仅赚取利润就足够了,更不能觉得为了实现这个目标可以不择手段"。(*PHP* 杂志,1967 年 8 月文章)

利润只是经营者需要考虑的次要因素,尽管利润是企业维持发展所需要的必要条件,但是我们应该认识到,对社会发展和社会福祉是否有贡献,始终是衡量企业的尺度。

也就是说,重要的是一家企业是否在履行自己的社会责任,而不是在于它是否盈利,这个想法与德鲁克完全一致。实际上,松下幸之助在得出这个观点之前也经历过一番思考。

创业两三年之后,松下幸之助的业务经营终于稳定下来,他开始问自己:"业务究竟应该是什么样子?"业务与社会相关联,不正是肩负着保证人民丰衣足食的使命吗?仔细想想,从业务中获得的利润虽然在法律上属于个人的财产,实际上是社会的共同财产,尽管有些钱可以按照自己的意愿来使用,但大部分还是社会委托给我们管理的财产。换句话说,松下幸之助把用于进一步扩大业务的资金,理解为社会委托给他管理的钱。

通过这种方式,松下幸之助强调了事业活动的公共性,自然而然地采取了一种符合社会规律的对待利润的方式。

显然,松下幸之助不是利润第一的人,而是"利润第二"的人,像松下幸之助这样对利润要求严格的企业家恐怕没有几个。

社会要求企业家存在的意义是正当地获得适当的利润。为了赚取利润,企业家们筹集资本、选用人才,这是企业家的社会属性在发挥作用,也是他们被追究责任的地方。评判企业家的社会声誉,就是基于他们如何通过业务创造社会价值,而衡量这一点的标准是他们创造的剩余价值,也就是他们获得的利润。关于这一点,德鲁克和松下幸之助持有相同的观点。

作为企业家,松下幸之助对利润的坚定信念使他说出了这样严厉的话:"一家公司如果不能用好天下的人才、物资和金钱来创造利润,就应该受到惩罚。"

确立使命,以质朴、诚实和谦虚的态度开展工作

基于上述考虑,松下幸之助的企业家形象可以概括为:"在一家公司中,统率组织的企业家自然是手握全部经营权力的人,也是承担集团全部责任的人。"对企业家来说,承担风险是理所当然的,创新也是时刻推进的,

利润是社会给予企业的，是企业通过业务为社会做贡献这一使命所获得的回报。

松下幸之助本身就是一个企业家，他更关注企业家的整体资质。他关注企业家们"事业观的正确性""对于使命的自觉性""经营见识和直觉并济""决断力""看透事情的能力""勇气和执行能力""对经营价值充满热情"和"拥有一颗素直心"。在很多著作中，松下幸之助都表明了他对一个企业家的要求。

尽管松下幸之助身处电子制造业，而不是服务业，但是他基于近代"商业道德"的伦理观念也可以说是独一无二、无与伦比的。

松下幸之助把1932年确立为"命知元年"㊀，提出了经营使命，3年后他把公司重组为股份制公司，制定并颁布了松下电器内部的基本规则，共65条。其中第15条规定："松下电器无论未来发展规模如何壮大，都不能忘记自己的使命。员工必须自觉完成本分之事，秉持诚实谦让的原则来处理业务。"

㊀ 命知元年，感知使命的源头的第一年。——译者注

松下幸之助将这种启蒙思想扩展到每一个普通员工身上,这是一个充分表明他独特的企业观的例子。

经营管理具有普遍性

松下幸之助:在缺钱之苦和用钱之难中创造利润

下面,我们从与企业家相关的各种概念出发,探讨德鲁克和松下幸之助对企业家的看法。简而言之,这两位大咖的观点有什么异同呢?

可以说,两人在利润观的形成过程上存在很大差别。企业家所追求的利润,必须以企业主动承担社会责任、确保可持续发展为前提,在这个前提之上获得的才是正当的利润。显然德鲁克和松下幸之助都赞同这一点,但是他们形成利润观的过程却截然不同。

德鲁克不仅通晓法学、经济学和哲学领域的知识,还与通用汽车结缘,从而获得了从生态学的视角观察企业组织的机会,他对观察到的现象加以思考,最终形成了对利润的定义。在世界的另一边，松下幸之助接受过的学校教育很少，在缺乏知识储备的情况下直接进入商界磨炼，他靠的是实际的经验和感受，在自己成为经营者之后，他独自思考"赚钱"这件事的意义和正当性，事实上，松下幸之助并不是一开始就能切实地判断利润。

松下幸之助是三洋电器原董事长井植敏的大姑父。井植敏小时候去松下幸之助家里玩，有一次碰见了意外的场面，震惊不已。他毫无顾忌地闯进大姑父的房间，没想到松下幸之助在房间里端坐着不停地写字，完全没注意到有人进来。他忍不住从背后偷看松下幸之助在写什么，却发现纸上一排排的全是"钱"字——松下幸之助不停地写着"钱"这个字。虽然后来松下幸之助提出了"钱只不过是道具而已"的思想，但或许他是一边害怕着没钱、感受着用钱之难，一边经营着自己的事业。

经营管理：是技术，也是艺术

在德鲁克的哲学思想和松下幸之助的哲学思想中，关于企业观的共同之处是什么呢？

答案是：经营管理不仅可以用于以盈利为目的的企

业，也可以用于运营非营利组织、各类社群，甚至可以安排个人的日常生活，帮助个人进行中长期的人生规划。

德鲁克和松下幸之助都主张经营管理具有普遍性，如果每个人都像企业家和经营者那般自觉，就可以通过积累知识技术和提升人格修养来改变自己的生活方式。可以说，这种想法具有划时代的重大意义。

只是，两位大咖对于经营管理意义的理解，就像中医和西医一样迥然不同。

德鲁克认为，在组织内部，管理是一种看不见的现象。他根据负责很多企业咨询业务的个人经历和细致观察，构建了管理学的体系。管理原本是看不见的存在，在以人为主体的情况下它变成了工具，德鲁克把管理变成了任何人都可以学习和掌握的东西。他还预言，在21世纪的社会中，组织型社会的属性将逐步加深，在组织型社会，个人有足够的管理能力至关重要。

任何组织都是不断演变的，因为必须应对外部变化，过去学习的知识会逐渐变得陈旧，人需要一直学习新的知识，这样一来，组织中的每个人都不能仅仅凭借过去的经验工作,必须活到老、学到老。所以,德鲁克预见以后人们必然需要自我管理和职业生涯管理。

相对地,松下幸之助主张经营具有普遍性。他认为,对于经营直觉,不仅领导需要擅长使用,连一线的全体员工也要在承担各自职责的同时,靠自己的切身体验去感受。这样的话,对企业也好,对个人的生活方式也好,都效果显著。

"每个人都是独立经营的主体,都是以自己的名字命名的公司的总经理,人人都是经营者,这就是日语中'社员稼业'的意思。"

松下幸之助主张的员工经营论,在本质上并没有把员工当作被管理的对象。他认为员工能在组织中获得自己的一席之地,充实地工作,拥有主动管理的意识才是最重要的。

另外,松下幸之助对于经营这一行为,有着和德鲁克不同的看法。松下幸之助认为,经营本质上是一门综合性的艺术,经营者在广义上也可以被称为艺术家,不只如此,这门艺术可以影响社会的每个角落,是一门活着的综合性艺术。

由此可见,松下幸之助认为并不应该单纯地把经营看作能赚钱的生意,或不应该单纯地从追求合理经营的角度来看待经营。他从"人生究竟是什么""人究竟是什么"这些问题出发,思考经营的本质。

德鲁克将管理视为一门技术,而松下幸之助则将其视为一门艺术。大概是因为德鲁克从旁观者的角度出发,而松下幸之助是一名实践者吧。这种差异,着实有趣。

CHAPTER 4
第 4 章

个人和公司都要革新

德鲁克和松下幸之助用一系列通俗易懂的表达方式,让读者恍然大悟。看待大局的方式本身也具有创新性。虽然德鲁克和松下幸之助在观察世界的方式上有所不同,但是他们都拥有相同的本质:拥有优秀的创造力和想象力。

德鲁克哲学与松下幸之助的经营实践

这一章我将做一个有趣的尝试，围绕着前面提到的"创新"这个词，用德鲁克的哲学思想去评价在松下电器的经营历史上松下幸之助曾经尝试过的各类创新举动。

松下幸之助把在经营过程中的每一次决策和行动经验，构筑成体系，最终形成自己的经营哲学思想。相比之下，德鲁克则站在宏观角度，观察社会思想的变化，思考企业的存在意义，构筑起自己的哲学思想。如果将松下幸之助的实践与德鲁克的思考相结合，那么就能更好地理解创新的本质。

接下来以时间顺序介绍松下电器经营历史上具有代表性的四个创新案例。

案例1：炮弹型电池式自行车灯的营销创新（1923年）
案例2：洞察需求，发明超级电熨斗（1927年）
案例3：创立事业部制（1933年）
案例4：和飞利浦公司合作（1952年）

第 4 章
个人和公司都要革新

其中，案例 1 和案例 2 是熊彼特所说的产品和质量的创新，案例 3 是组织的创新，案例 4 是供给方的创新，因此都能被归类于"新组合"。将这些案例与本书第 3 章提到的德鲁克的七种机会相结合，就可以发现松下幸之助尝试过的创新具有什么样的特征。

⊙案例 1

炮弹型电池式自行车灯的营销创新

概要

松下幸之助刚创业没多久，在配线器材之后，自行车灯成为第二个奠定他的经营根基的产品。他从自己在自行车店的工作经验中，明确地知道自行车灯有很大的市场需求，而市场上的现有产品都有很多改良的空间，这是他改良自行车灯的动机。大正㊀末期到昭和㊁初期，正值自行车的普及阶段，松下幸之助预计：如果能成功发明出一种便携的电池式自行车灯来代替自行车烛灯，肯定能获得大量订单。经过将近 100 次的样品制作和实

㊀ 大正，大正时代（1912～1926 年）。——译者注
㊁ 昭和，昭和时代（1926～1989 年）。——译者注

验，他发明了一种续航时间达到传统自行车烛灯 10 倍以上的炮弹型电池式自行车灯，成为他的得意之作。

这个时候却出现了一个问题：因为制作炮弹型车灯需要使用一种特殊的电池，备货不方便，电器产品批发商担心这一点，拒绝签合同。于是松下幸之助转而去和自行车批发商谈合同，由于当时市场上的电池式自行车灯的质量不好，自行车批发商也拒绝签合同。随着产品库存不断增加，松下幸之助必须及时找到销售渠道。

松下幸之助决定直接去零售店，给每个零售店免费提供两三个车灯，拜托店主持续亮灯进行展示。为了证明产品的优势，他一个月免费提供了四五千个自行车灯。这种宣传手段最终大获成功，实物展示让人们认识到这种车灯的品质多么优良，因此他每个月接到了两千个订单，市场稳步扩大。松下幸之助取得了这样的业绩，曾经拒绝合作的批发商也陆续开始签单了。

抓住多种因素叠加带来的创新机会

自行车灯的创新成功为松下电器的发展奠定了殷实的基础，首先可以明确的是，松下幸之助的创新符合德

第 4 章
个人和公司都要革新

鲁克七种机会中的第二种"当实际情况与设想情况之间存在差距时"。传统的自行车烛灯⊖被风一吹就会熄灭,相对来说是比较原始的产品,乙炔灯的结构又十分复杂,老式的电池式车灯使用两三个小时就没电了,完全达不到令消费者满意的水平。

这个创新还符合德鲁克所述的第三种"当需求存在时"。当时正值自行车的普及和推广阶段,松下幸之助能够明确地判断出自行车灯会有巨大的市场需求,这是因为他曾在自行车店工作过,对自行车行业动向信息格外敏感,当时恰好又是比传统灯泡性能强大五倍的灯泡问世的时候,这与德鲁克所说的七种机会的第七种"当新的知识出现时"也很符合。

发明自行车灯看起来只是单纯的产品制造上的成功,也可以说是德鲁克所说的抓住各种各样的创新机会而实现的创新,至于松下幸之助本人是否预见了创新,确信自己会成功才去做的已经无从得知,但是他出于本能想

⊖ 传统的自行车烛灯的下部的圆筒部位放蜡烛,随着蜡烛的燃烧,烛焰的部分会逐渐向下沉。但蜡烛的下面安装了弹簧,随着燃烧,蜡烛可以自动上升。因此,烛焰的部分一直处于灯罩的中心位置。——译者注

到了用实物展示的方法做营销,可以说是这次创新的绝妙之处。

面对风险:企业家精神使创新成为创新

德鲁克在《创新与企业家精神》中列出了五大要点作为创新成功的行动原则。

1)深入分析"创新机会";
2)不仅仅是理论分析,还要感性认知,必须走出去,看、问、听;
3)专注于简单而具体的事情,只专注于一件事;
4)从细节处着手,不要泛泛;
5)从一开始就瞄准最高定位,以最高定位为目标,否则就不能称之为创新,甚至不可能称之为独立的事业。

将德鲁克的原则放到松下幸之助的上述案例中,松下幸之助亲自拜访各大批发商,在明确认识到商家不准备销售自家新产品的原因后采取了措施,这个做法与德鲁克想表达的内容非常相近。我们能够清晰地感觉到松下幸之助专注于一件事——他了解到,他引以为豪的产品由于偏见而不曾被尝试使用，也没有批发商上市销售，于是通过某种方法，集中精力让市场认识到产品的优点。

松下幸之助独具匠心的营销方式，只能在批发商不认可自己产品的情况下发挥作用，以下内容引自他的自传《我的思维和行为方式》，描述了松下幸之助当时的思考路线。

"批发商不签合同，怎么卖才好呢？"

"开拓零售店，也能和批发商卖得一样好吗？"

考虑了这两个问题之后，基本上可以想象会出现什么情况。

"怎么做才好呢？怎么做才能让世人知道它的实用性呢？"

我认真思考了这一点，当我认定现在的手段是不行的时候，正如俗语"舍不得孩子套不住狼"所言，我萌生了新的想法。

"最好的办法是让商家知道我的自行车灯的真正价值，而不是只想着怎么卖掉它。如果试用过，知道了它的实用性，商家肯定愿意卖它。"

那么，怎么做才能让商家试用我的产品呢？

向繁忙的批发商直接提出试用的请求，他们肯定嫌麻烦，不可行，所以我决定冒险让零售商对自行车灯进行公开试验，并进行宣传。

由于每天都在持续生产，所以还有三千到四千个产品库存，已经不是让熟悉的零售商做试验看一看的阶段了。没时间可以拖延了，松下幸之助被迫需要采取一种可以立即实施的方法。

松下幸之助采取了一个大胆的举措：只要资金能周转，就给大阪各地的零售商铺2盏甚至3盏灯，把其中1盏灯一直开着。松下幸之助给出了以下的补充说明：灯泡肯定能持续亮30个小时以上，如果它不亮了，就麻烦零售商记录它熄灭的时间并计算它的总照明时间，确认长时间的亮灯能力；如果判断它确实实用，希望零售商卖掉剩下的产品并支付相应费用；如果灯泡的照明时间没有说明书上写的那么持久，可以将它视为不良品，不需要支付任何费用。松下幸之助做了一场豪赌，结果是大获成功，松下的电池式自行车灯成了热销产品。

"不受行业现有渠道的制约""不局限于从批发到零售的常规流通渠道"这两种意识,以及"向各商家无偿提供灯泡"的想法,是最具创新性的部分。样品展示宣传现在已经成为大家熟悉的营销手段,但是在1923年的社会背景下,存在着产品寄售后资金回收上的极大风险。

在这里想提醒大家的是,是企业家精神使创新成为创新。松下幸之助提议无偿放置样品,坚信只要让产品在市场上得到认可就能回收已经投入的所有资金,而不是因为害怕风险最终无所作为。

⊙案例2

洞察需求,发明超级电熨斗

概要

1927年4月,在金融危机的动荡中,松下电器推出了一款商标为"Super"的电熨斗。电熨斗在日本国内的生产始于第一次世界大战后,当时每年卖出近10万台,其中包括进口产品。同一时期,电暖器和电气炉开始普及,这些电热产品与收音机一起处于"文化生活"时代的前沿。

不过,这些电热商品价格昂贵,仅限于高收入人群使用,松下幸之助除了做配线器材,还开辟了一项新业务:制造物美价廉、广泛应用于普通家庭、人人都能买得起的电热商品。这就是电热部销售的第一个产品:超级电熨斗。

松下幸之助的产品开发方针是:不允许品质劣于其他品牌,价格必须便宜30%以上。于是,原本零售价是4~5日元的电熨斗,松下电器以3.2日元的价格销售了。这是因为每月能量产一万件成功降低了成本,松下电器一家的产量比当时日本其他所有企业生产的电熨斗总数量还多。这款超级电熨斗在1930年被商工省认定为优秀产品,反响超乎想象。

基于客户画像,准确定义产品概念

作为一名技术人员,松下幸之助获得了8项发明专利,开发了92项实用新型专利。松下幸之助是独一无二的,因为他从创业初期到公司发展阶段都兼任技术人员。后来他将技术工作交给了下属,专注于与企业家相关的职能转变,这款电熨斗的创新开发工作可以看作松下幸之助自我变革的象征。

这么说的原因在于：松下幸之助在提出这项重大工作的同时，把电熨斗的开发工作全部委托给部下中尾哲二郎。

有一天，松下幸之助向中尾哲二郎说"开发出这样的电熨斗肯定会大卖"，并描述了自己的想法。松下幸之助设想的电熨斗既便宜，质量又好，中尾哲二郎一直点头表示赞成，在听明白了这个设想的重点后问"谁来开发呢"，松下幸之助回答说："当然是你啦！"中尾哲二郎对松下幸之助的回答哑口无言，因为他既不懂电热器的基本技术，也不懂电熨斗的产品知识，虽然中尾哲二郎可以进行金属器具的加工，但是对电热器之类的产品他完全是外行。

中尾哲二郎告诉松下幸之助自己并不适合负责这项工作，松下幸之助说："你能做到！你肯定可以做到！"听了这番话，中尾哲二郎下定决心："松下幸之助这么信赖我，我会全力以赴尝试开发并确保成功！"

中尾哲二郎自此迈上开发电熨斗之路，他先从书店找到电热器的参考书,接着拆解其他厂家的电熨斗,调查市场上的产品存在的故障,然后在产品开发中加入了自己的新想法。从着手这项工作开始,他仅仅花了4个月的时间便做出了超级电熨斗的成品。中尾哲二郎在《技术人员之魂:中尾哲二郎走过的道路》中回忆说:"我自己也觉得很不可思议。"

以不寻常的速度实现了新产品开发,这让开发者本人也觉得不可思议,而开发得以成功的原因之一,是松下幸之助给产品概念提供了极为准确的建议。

据中尾哲二郎介绍,松下幸之助的产品概念是"从师范学校毕业、租二楼的房子㊀、月薪 27 日元左右的小学教师们也可以轻松购买的电热器"。要想让刚毕业的消费者购买,价格要比现在便宜三成以上,因此目标价格必须是 2.5 日元。

这样一来,松下幸之助的概念就有了非常清晰的客户画像,而且始终以降低量产成本作为产品开发的目标。

㊀ 在没有公寓的时代,租户一般是租用别人家独幢住宅二楼的房间。——译者注

也许从一开始松下幸之助就已经考虑过根据这个概念来选择材料等问题,虽然没有实现 2.5 日元的价格目标,最终以 3.2 日元的价格进行销售,中尾哲二郎对这一结果还是感到非常满足的。

领导者角色转变,缔造创新基因

和前面提到的自行车灯一样,松下幸之助的产品概念让我们看到了他作为一个看透时代变化的创新者的素质。中尾哲二郎指出,当初松下幸之助指示自己进行开发的行为,看起来似乎非常轻率,实际上这是松下幸之助自发地开启角色转变的结果。松下幸之助说:"我一个人无论如何也做不到完成所有工作,除非进行业务划分,否则工作无法尽善尽美,所以我必须进行分工。"

中尾哲二郎后来做了松下电器的副社长、首席技术顾问,也是缔造松下产品 DNA 的人。松下幸之助为了扩大事业,从企业老板兼技术人员的身份中解放出来,试图提升自己作为企业家的职能。也就是说,松下幸之助为了实现自我创新,中尾哲二郎提出的"轻率"指责确实是卓越见解。

不管怎么说,从德鲁克的创新原理来看,这个案例称得上是教科书级别的,松下幸之助准确地把握了社会对电熨斗的潜在需求,感受到"当实际情况与设想情况之间存在差距时",确信了"存在对电熨斗的需求"。

还有一个要补充的因素是当时家电产品在电机行业的地位,那个时候重型电机业务属于大型企业,对于这些企业来说,家用电器并不是最急需涉足的领域,所以尚未面世的家电仍有引发热潮的空间,虽然因为战争爆发,这股热潮实际上出现在第二次世界大战以后。可以说,松下幸之助从他的立场上认识到德鲁克所论述的"当产业结构发生变化时"。

⊙案例3

创立事业部制

概要

松下幸之助在1933年采用了事业部制。当年,松下幸之助在大阪的门真地区设立新总部,完成了新工厂建设和搬迁,同一时期,工厂被分为三个事业部。无线电部门为第一事业部,灯具和干电池部门为第二事业部,配线器材、合成树脂和电热器部门为第三事业部,各事业部下设工厂和营业部门,是各自负责产品开发、生产销售、独立核算的事业体。松下幸之助列出了设立事业部的两个原因:①创建独立核算的事业体,用这样的分权组织明确职责,让责任经营稳定下来;②采用这一制度的结果是员工能够成长为经营者。

基于原创理念的松下事业部制

事业部制最早诞生于资本主义最发达的美国,据美国经济史专家艾尔弗雷德·D.钱德勒介绍,20世纪20年代杜邦公司、通用汽车等主要大企业在形成的过程中,为了调动数以万计的员工让他们各司其职,逐渐形成了最适用于大公司的组织形态。

在日本,1908年时三菱合资公司的岩崎久弥为了提升现场各部门的成本意识,坚决将一定数额资金的使用权限转交给财务部、造船部、总务部、采矿部、营业部和煤炭部等各个部门,形成了所谓的事业部制组织。不过,松下电器是日本最早尝试按产品类别设立事业部制的公司,即便如此,松下幸之助采用的事业部模式跟美国公司的事业部制组织还是完全不同。

二者的设立背景不同。事业部制原本是大型企业在形成过程中的组织合理化制度，美国的事业部制组织大体都经历了这个过程，如果把日本三菱合资公司的事业部制看成是由大公司导入的新组织方式，也可以说是具有同样性质的事业部制。相比之下，在推行事业部制的时候，松下电器大约有 1500 名员工，虽然不能说是小规模，但也不是一个绝对需要分权的组织规模。

尽管是这样，松下幸之助还是凭借强大理念决定导入事业部制，这种理念基于"自主责任经营"的想法。他认为：即使是一个组织的普通员工，也应该对自己的工作承担明确的责任，并根据自己的思考开展工作，这反映了松下幸之助对人性的洞察力。

这样的理念源于松下幸之助本人的"体弱"。在被问起松下电器发展的要素时，他总是用"体弱"来回答。在他 10～20 岁的时候，松下幸之助的父母和七个兄弟姐妹陆续因病去世，他自己也属于人们所说的体弱多病，也就是说，松下幸之助天生就不能像其他人那样加倍努力工作。正因为如此,在他的人生观中,有一种"无法反抗命运"的豁达。

这种豁达让他变得不拘泥于思维定式,也在松下幸之助的性格中产生了一种特有的合理性。本来,创立事业部的目的是对一个过于庞大的组织重整和分权,使其能够自主运作;松下电器的事业部制是由于松下幸之助的身体原因,在"授权交给部下"的心理上设立的,基于经营者的原始想法创建一个新的组织形式,也是一种典型的创新。

事业部制:多样化产品经营的分权组织

德鲁克是怎么看待事业部制组织呢?在《管理的实践》一书中,他十分重视近代企业组织的分权性,将联邦分权制(事业部制)描述为将分权性忠实落地的组织。

事业部制组织有五大优点:①责任明确;②便于进行对事业的战略性评估;③便于目标管理;④能够有效培养经营者;⑤便于对较低层的员工进行能力评估。松下幸之助关于事业部制的意图也在德鲁克的研究范围之内。

德鲁克指出"当产业结构发生变化时"是一个创新的机会，松下幸之助创立自己的事业部制可以说是对应了这一机会。

虽然家电热潮在第二次世界大战之后悄然兴起，但是早在20世纪20年代，像电熨斗和电气炉这样的电热器具，还有冰箱，日本市场都是被昂贵的进口产品所占领的，很多产品都是普通人买不起的，因此民众对廉价产品的需求逐步增加。为了实现日本本国企业生产多种多样的家电产品，事业部制是一个有效的、富有创新性的合理制度。

⊙案例4

和飞利浦公司合作

概要

1952年10月，松下电器与荷兰的飞利浦公司签订了技术合作的协议，以此为基础，同年12月，松下电器与飞利浦公司共同出资成立了松下电子工业有限公司。这一合作扩大了松下电器电视机等事业范围，也使整个公司在竞争加剧的市场中不落后于对手，为松下电器的发展奠定了基础。

这一切都始于松下幸之助在协议签署前一年首次前往美国学习。这次访问让他意识到在今后的发展蓝图中，引进欧美先进技术是不可或缺的。选择飞利浦公司作为合作伙伴的原因，当然是该公司毋庸置疑的技术实力。松下电器的竞争对手已经与美国大型电子公司建立了合作关系，松下幸之助不喜欢美国公司的风格，而飞利浦公司所在的荷兰是以科技立国的国家，在这一点上与日本十分相近，这让松下幸之助有亲近感。

可是，这种合作关系在条件上很难谈拢。在成立子公司时，飞利浦公司要求支付55万美元的初始费用，享有30%的股份和7%的技术援助费（授权使用技术和专利权的费用）。即使前两项可以接受，松下幸之助还是不同意最后一项。根据与美国公司之前谈判的先例，这项费用应该是3%，飞利浦公司却坚持说自己将派遣技术总监来负责进行指导，所以费用是合理的。

对此，松下幸之助则以"松下电器负责合资公司的经营结果"这个要求来收取经营指导费。最后，协议达成，飞利浦公司收取4.5%的技术援助费，松下电器收取3%的经营指导费。这种合作关系让松下电子工业有限公司得以生产灯泡、荧光灯、真空管、显像管和晶体管等，这些高品质的零部件让母公司的收音机、电视和音响等视听产品以及照明产品的质量迅速提升到世界级水平。

划时代意义的经营指导费

松下电器成为全球电子公司，与飞利浦公司合作是最重要的经营决策之一。这里所指的创新，乍一看是非常细致考究的表达逻辑，也可以说是对经营价值本身的发现。对于飞利浦公司坚持派技术总监来提供指导和帮助，松下幸之助认为："如果飞利浦公司的'技术援助'是有价值的，那么松下电器的'经营指导'也一定是有价值的。"

当松下幸之助第一次要求收取经营指导费时，飞利浦公司对这个史无前例的提议感到困惑，从他们的角度看，可能会觉得松下电器是以技术援助费太高为由不愿接受报价，所以用胡闹的理论来抵消成本。

可是仔细想一下，经营指导费是相当具有划时代意义的，提出这个要求的松下电器是非常值得赞扬的。

在漫长的商业历史中，松下幸之助可能是第一个在合同谈判时从实际出发喊出经营价值的领导人，这种谈判中的"价值发现"是创新的原点。

不被模式所束缚：让事业部总经理发挥作用

在德鲁克看来，"管理是一种源于对结果负责的客观功能"，经营者是该功能的执行者。问题是，衡量这一功能是否运作良好的唯一客观标准就是结果。

如果身为管理者的事业部总经理没有意识到他的责任和权力，也没有采取相应行动，那么事业部制组织的有效性就是纸上谈兵。组织结构图显示了谁负责管理，不能告诉我们组织是否真的在发挥作用。

企业中存在一些衡量状态的标准，如"公司风气""伦理""道德"和"效率"，但是，即使它们可以被量化，这些数值能不能提供对管理质量的综合评价呢？

松下幸之助认为，松下电器的经营模式本身就很有价值，并将此作为协议的条件，那么飞利浦公司是如何调查、探讨这一提议的呢？这是令人很感兴趣的地方。

最终，飞利浦公司接受了松下幸之助的要求，松下模式的经营价值一定被认为是值得评估的。关于如何从总体上考虑管理的质量和价值，我认为需要注意以下内容。

"某公司由某人经营"，虽然在管理方式的品牌化上是可以成立的，但是绝不应该被"形式"所束缚，品牌化可能就是走向僵化的第一步。经营和管理日新月异，因为有领先于时代的新事物，所以才会有品牌，但是有很多形式只维持了形式而失去了最重要的功能。创新的精髓，就在于不能认为创新存在尽头。

创新者的行动特质

对市场营销的执着：为客户而存在

根据以上四个案例，松下幸之助作为一个创新者有什么特点呢？

毫无疑问，松下幸之助对市场营销十分执着。他从一开始就必须预想客户是否会满意，意思是所有的行动都是为客户而存在的。这种想法来自松下幸之助童年时在五代自行车店的学徒经验，在那里，老板详细地教导他如何做生意、如何当商人。松下幸之助说："我独立并开始自己的事业后，像五代音吉先生一样，把彻底为客户着想这件事放在第一位，被客户接受、喜欢，这是促成生意发展的主要原因之一。"(《缘分，妙不可言》)

如果把这种特别优秀的营销意识看作德鲁克所说的"意外的成功"，那么，比起在大阪电灯公司做工匠，松下幸之助作为一个商店学徒的经验才是"来自上天的意外礼物"。

经营就是创造客户

有人认为，松下幸之助的创新不仅源于他接受了大阪船场的商人教育，还源于他更基本的人文素质。

松下幸之助创业初期的创新源于他是一个发明家兼制作者；在更高的层次上，他不是自己动手，而是作为激励者调动下属；第二次世界大战后他辅导各个事业部部长，扮演了推动者的角色，领导了许多创新。换句话说，从另一个角度观察松下电器的发展，会发现松下幸之助主动改变自己的定位，成为众多创新的综合策划者。

哈佛商学院的约翰·P.科特在《科特论松下领导艺术》一书中指出的正是这些素质。科特从领导力理论出发，认为正是无数次逆境帮助松下幸之助在精神上获得升华和成长，至于对他起到决定性作用的契机是境遇还是教育，还值得商榷。毫无疑问的是，出于某种原因，松下幸之助发起了创新，造就了高尚的企业家精神。

曾经担任松下电器副总裁的水野博之记得，在一次记者招待会上，松下幸之助与媒体之间进行了一次有趣的交流，这次交流中松下幸之助展现出一股强烈的企业家气质。

那是在年初例行记者招待会上，一位记者向松下幸之助提出了这样一个问题："您对新一年的业绩预测是什么？"这是一个非常普通的问题，在记者看来，松下电器有5年事业计划，请松下幸之助谈谈计划的前景并不是一个不恰当的问题。

松下幸之助偏了偏头，说："我没有预测。"似乎是为了打消记者的疑问,他接着说:"我并不是根据预测来制订这个计划的,这只是一个我们必须实现的最小数字,是我们公司的期望和憧憬。"

企业家不会因为有鱼才下钩,而是根据"准备了什么鱼饵,能钓什么样的鱼"等目的进行垂钓,有这样明确的认识和意志,经营才成立。像这样具有挑战性的意志就是企业家精神,这就是松下幸之助想要表达的态度,电熨斗就是基于他的这番思想被开发出来的。德鲁克说,"经营就是创造客户",由此看来,松下幸之助也同意这个观点。

革新与确信并举

所谓创新,是指企业家感受到必然性后主动谋求革新,对松下幸之助而言,创新不需要任何犹豫,"只要感受到就立刻行动"。创新不是在预测或期望这一层面,而是伴随着"应该这么做""这是必然的""唯有如此"这样的强烈意志,在某种程度上,松下幸之助的"创新和企业家精神"就意味着革新和确信,换句话说,就是"革新与确信并举"。

当然，要使创新成立，需要各种各样的认知和决策，从本质上说，如果企业家没有革新的信念，他将无法开始创新。

德鲁克也不例外，和松下幸之助一样，他不做"预测"，尽管在德鲁克的书中似乎充满了对社会变革的预测，但是在德鲁克看来，它们算不上是预测。德鲁克说，社会变革的启示在现实中都是已经出现了一定的先兆，是有迹可循的，他自称为"旁观者"也正是因为意识到自己具备能客观地从大局出发来观察社会的能力。如果只是提出所看到的，并按照看到的事物表达对于未来的看法，对德鲁克来说是很自然的事，对其他人来说，这个举动看起来就像是预测未来。

德鲁克和松下幸之助用一系列通俗易懂的表达方式，让读者恍然大悟。看待大局的方式本身也具有创新性。虽然德鲁克和松下幸之助在观察世界的方式上有所不同，但是他们都拥有相同的本质：拥有优秀的创造力和想象力。

CHAPTER 5
第 5 章

让企业在正确的道路上延续

德鲁克和松下幸之助都认为，所有企业活动都必须符合公共利益，为了使公共利益可持续发展，德鲁克说"应当将公共利益的一部分作为适当的私人利益进行调整"，松下幸之助说"企业应得到适当的利润"。基于此，经营者必须提高企业利润，构建企业治理机制。

从根本上考虑组织结构

企业社会责任成为时代焦点

如今,企业存在的社会意义越来越被重视。我们都知道作为产品和服务的提供者,作为就业的来源,作为让人实现人生价值的地方,企业的存在是社会的基础。正是由于这个原因,人们越来越关注企业应该担当的巨大责任,企业社会责任这个词越来越流行,成为全球趋势。

随着资本主义的诞生,企业已经发展成为建立近现代社会的关键组织。企业设立之初以生存为前提,继而开始了从诞生到持续发展的历程。今天,由于时代正在发生显著的变化,企业的社会性质正在被纳入公众话题,重要的是要深刻认识到,正是我们每个人的存在支撑着企业。

因为企业缺乏道德而导致的丑闻和犯罪事件时有发生,关于企业社会责任的议论越来越多。企业社会责任之所以成为人们关注的焦点,主要有三个原因:高度信息化、全球化和环境恶化。

高度信息化、全球化和环境恶化

高度信息化已经成为时代的潮流,一部手机在手,就可以做任何事情,可以了解任何事情。然而,这种便捷性有时是超越我们的思维范围的、无法控制的。它是无情的,就算人不小心犯下微小的错误,都可能导致企业机密信息的瞬间泄露。信息的价值就在于知道内情的人和不知道内情的人之间存在着隔阂,控制信息的也是人,信息如果处理不当,将有可能成为致命的凶器。

全球化也不允许企业只在一个国家、一个地域开展的特定商业行为。企业越是扩张,就越会被迫转向一个更普遍、更能为全球大众所接受的商业机构。对于企业而言,成长的意义是巨大的,全球化更是一个不可避免的课题。

面对环境恶化(包括全球变暖),企业所要肩负的责任也变得更加艰巨。目前,全球变暖的主要原因是企业的产业活动,整个世界面临的课题是全球环境的可持续发展,企业的活动也必须建立在保护环境的前提下。

可以说,高度信息化、全球化和环境恶化是相互关联的,作为外部因素,它们已经暗示了企业社会责任对企业的重要性。

除此之外,从企业内部因素来看,企业社会责任之所以变得非常重要,是因为人类的道德问题,即所谓的道德败坏问题,其中包括盗用和伪造个人机密信息、无视安全性以及其他侵害消费者生活稳定和安全的行为,这些都会导致重大社会问题的发生。

堺屋太一㊀在《组织的盛衰》一书中指出,企业等功能性组织是为了实现某种目的建立的,在建立的那一刻就拥有了一个与原来不同的目的,即保护自己的组织。在组织化程度越来越高的当今社会,这种组织自我保护的目的和官僚主义的习性也逐渐体现在企业活动中,带来了一些隐患,这些问题的复杂性,也给彻底落实企业社会责任带来了相当大的困难。

德鲁克和松下幸之助对企业的理想状态有什么看法呢?我们知道的一点就是,无论是德鲁克还是松下幸之助,都没有根据对法律条文的解释或者把有没有技术作为条件去寻求答案。

㊀ 堺屋太一(1935—2019),日本政府经济企划厅前厅长。——译者注

第5章
让企业在正确的道路上延续

德鲁克认为企业是社会组织，从"组织为什么是必要的"这个基本问题出发来探讨理想的企业应该是什么样的状态；作为一名企业家，松下幸之助从自己的实践经验出发，对企业的应有状态进行了思考。让我们先来看看德鲁克的企业观吧。

德鲁克的企业观：企业的社会属性

企业的目标方向性必须和社会一致

德鲁克把通用汽车作为案例进行研究，出版了《公司的概念》一书，他指出，必须从以下三个方面来考虑企业：

1）作为一个独立的业务组织；
2）企业信仰、承诺和社会价值观之间的关系；
3）实际活动和对社会的贡献。

第一个层面是指，企业作为一个独立的业务组织，需要考虑它是不是以经济活动为目的而存在、能够自我维持。第二个层面是指，企业在经营活动中的信仰和承诺是否符合社会规范,例如在美国有这样的信条:所有公民具有个人尊严、机会平等,人们能根据努力和能力获得相应报酬。如果一家企业的理念和目的与社会规范有矛盾或者相抵触,这家企业就失去了存在的意义。第三个层面是指,即使企业的理念强调对社会做出贡献是高尚的,如果实际的企业活动与之相矛盾,也是没有意义的,其中最重要的问题之一就是企业如何看待利润。

德鲁克制定这些原则,是出于他自己待人的态度,这个态度首先是从政治角度看待人类社会。没有人能够独自生活,人类需要以某种形式聚集成为群体,一个团体也就这样随之诞生;当一个团体诞生后,需要有某种秩序来维持,这个有秩序的团体就是"组织"。德鲁克认为,组织是创造一个在政治上使人们获得幸福的繁荣社会的关键,他认为这些"组织"中最重要的就是企业,因为企业才是现实生产产品和服务的社会基础,众多企业相互竞争创造产品和服务的产业社会,才是最繁荣的社会体系。

从社会生态学的角度来看待企业,德鲁克得出结论:企业的目标方向性和社会的目标方向性本来就必须是一致的。下面将分析德鲁克重视两种价值观。

和谐调整，消除对立和差异，确保企业的目标方向性和社会一致

德鲁克重视的第一种价值观是"和谐调整"。理想情况下，企业和社会的方向应该是一致的，可是企业在利益分配的时候可能会产生冲突，譬如员工工资和股东分红如何平衡，另外，在事业活动的基础上凝聚的员工的意识和价值观，这些都需要协调。

无论是在企业内部还是外部，德鲁克都强调了"和谐调整"的重要性。世界上充满了对立和差异，德鲁克认为，需要一种能够让我们调和这些明显差异和对立的社会观。

这不是法律可以解决的，法律也不能解决，虽然说法律是得到社会的广泛认可才产生的，但也只是特定价值观的产物，是一种原则。德鲁克将管理看作一门技术并将它具象化，从另一个角度来看，管理是一种实现和谐的具体方法。

德鲁克还提出了另一条更重要的价值观：绝不能轻

视作为个体存在的"人"。德鲁克认为,必须时刻牢记使人们作为个体在社会中自立、成长的价值观,归根结底,关于组织和人的关系,都可以转化为"个体应该如何在社会中生存下去"这个问题。

如此想来,德鲁克的看法跟现在流行的企业社会责任问题相比,似乎在立场上略有不同。企业社会责任成为热门话题被人们广泛议论实属必然,因为保证企业和社会的可持续发展这一原则越来越重要。从德鲁克的观点和主张来看,无论将管理用于个人的人生规划,还是用于一家企业,在本质上都是一样的,虽然实现起来会面对诸多困难。德鲁克的理想是让每个人、每家企业在管理方面相互促进,各自为实现社会的可持续发展努力。

企业并不属于股东

接下来从企业治理的问题出发,思考企业的本质。企业治理指的是企业在面对每天出现的各种问题,在必要的时候及时改革自己的经营体制,完善自我控制机制,做到无论什么样的风险都能够承担。企业治理的概念备受重视,是因为如何对待股东、经营者、员工和客户等

第 5 章
让企业在正确的道路上延续

利益相关者这个问题日益重要。

企业究竟是属于股东的还是属于员工的?在一段时期里,这个问题在社会上引发过议论。德鲁克首先否认了企业属于股东这个观点。

关于股东的概念,德鲁克阐述道:"作为当今的社会性实体,股东不过是企业诸多利益相关方中的一个罢了。企业是长存的,股东不过是一时的,实际上,无论从社会角度还是政治角度来看,企业都正在成为社会的实体,股东是从中派生出来的概念,只存在于法律意义上。"(《公司的概念》)德鲁克重视人作为个体的生活方式,他观察过社会的生态,无法接受将组织当作物品任意操控的思想。

从企业治理的角度思考,最重要的部分是什么呢?根据德鲁克的想法,企业家本人是最重要的。要调和股东和员工等利益相关方的关系,让他们和谐共处,站在共同的立场上工作,能够做到的,除了经营者没有其他人。考虑到组织的实际状态,经营者是社会性的存在,有让组织运营变得更加顺利的功能。为了让组织顺畅运转,与其明确所有权由股东对企业进行控制,不如让受股东和员工之托的企业家掌握管理的技术,将其运用到企业治理的方方面面。

如果能发挥卓越的领导力和高超的管理技巧,承担企业社会责任和企业治理就不会产生问题。

松下幸之助的企业观:企业属于国家

对纳税从未动摇的看法:企业是国家的

在松下幸之助的人生中曾迎来过这样的转机。

故事发生在1922年,松下电器还是个体经营,员工只有40多人的时候。当时,税务局的工作人员到附近的寺庙出差,对大阪城镇上的小工厂和中小商店进行每年一次的税务审计,大家便去寺庙提交销售额和利润的信息。可是发生了一件意想不到的事情,可能是因为松下电器每年都在扩展业务,利润率实在太高,树大招风,税务局要求进入公司内部调查。

对于征税,松下幸之助和税务局的看法完全不一样,非常烦恼,"税"究竟是什么呢?后来松下幸之助回忆:"那时候我担心得完全睡不着。"这个不眠之夜成为一个契机,促使松下幸之助思考企业的存在意义究竟是什么。松下幸之助最终得出的结论是:"因为我觉得这些利润是自己努力工作才赚到的,所以才会如此烦恼。原本这些利润应该属于国家,因为土地、财产说到底都是国家的,现在不过是出于方便,国家才承认这些为个人所有——国家本来就是一切财产的所有者,国家准备收多少税我并不关心,也无须烦恼。"

第二天,松下幸之助向到访的税务局工作人员说出了自己的想法,并将它升华为松下幸之助独有的信念,松下幸之助也因为产生了这样的公益意识,卸下了精神上的负担,从此以后再遇到税务上的问题,从未动摇过自己的想法。

1971年,松下幸之助在关西企业家研讨会的演讲中说道:"归根到底,企业的一切都属于国家,并非我一人之物。把企业看作是我个人的所有物、我们的所有物或者是股东的所有物,从以这种想法经营企业的那一刻开始,就注定会出现问题。因此,企业是国家的,是国家托付我们进行经营的。如果站在这个角度来看待一切，心理负担就会变轻，而且不容易出错，我一直是抱着这种想法在做事的。如今，企业和社会之间发生了各种各样的问题，这些问题并不是日本独有的，自由资本主义国家尤其会出现这种征兆，对于这一点，身为企业家，我们必须建立良好的理念和良好的企业观。"

在这次演讲中，松下幸之助最后说道："我觉得企业与社会并非独立存在，也并非站在对立面，它们是一个整体。大家都是企业家，大家都是社会人，此刻，我认为这点必须铭记在心。"

企业必须担当的七大社会责任

松下幸之助对于企业社会责任的看法是：企业在主业中提供对社会有用的产品和服务是第一要务，在此之外的都是随社会的变化而变化的。

1974年，松下幸之助写下了《企业社会责任是什么》一文。在田中角荣发表《日本列岛改造论》之后，社会上对企业投机行为的批判日益增多，而且在第一次石油危机时，很多企业顺势涨价、垄断收购、囤积居奇，导致人们对企业的反感浪潮不断扩大,因此松下幸之助在这篇文章里表达了自己的态度。

这是一篇 4 万字左右的简论,松下幸之助倡导前面提到的企业的公共属性及其使命,提出了"与地球、环境和谐共存""防范和杜绝公害""缓解人口过密、过疏""通过自由竞争寻求共存共荣""推进国民外交""培养社会人"和"利润和社会责任一体"七大项建议。最后他得出结论:这些责任理应由经营者来担当,企业的全体员工也同样肩负这些责任。

近几年在企业社会责任方面也重视保护环境和对当地社会的贡献,松下幸之助提出的七大项建议中的后三项是十分独特的。

松下幸之助提出"推进国民外交"可能是因为预料到如今的全球化进程,如果产品和服务都向国外出口,日本的人才当然会留在国外。在世界业务的职场上,不能做出与各国价值观不符、独善其身的行为。松下幸之助认为,每个人恰当的判断、行动与国民外交息息相关,持有这种意识非常重要。"培养社会人"也遵循了松下幸之助独特的经营哲学,特别是"造物之前先造人"这一点。

最后的"利润和社会责任一体"是非常沉重的话题，也就是说，纳税是企业责任，企业必须纳税。松下幸之助相当严肃地表示："如果企业不能获得利润导致不能缴纳税款，相当于背叛了为企业提供资本的社会，是背信弃义的行为。"企业是社会的利润中心，企业的利润就是公益，松下幸之助从始至终都重视这一点。

识才用人：有德者，居高位

考虑到时代不同，通过松下幸之助的事迹来分析如今的企业治理是否合适，我们无从知晓，只是，顺着企业的发展史回顾松下幸之助在经营上的尝试和付出，不难看到一些具有他个人风格的特征。

比如，在第1章中介绍过，松下幸之助认识了当时担任客户顾问的真言宗僧侣加藤大观，曾经在一段时间里跟他一同起居、畅谈理想。松下幸之助相当于把宗教人士置于独立董事的位置，虽然不能确定这算不算企业治理的一环，松下幸之助的确在经营决策上展现出一种独特的姿态寻求直谏人才。

不仅如此，松下幸之助还让原来的高层警察出任董事,那位高层警察原本是负责少年犯管教的精英,为设立少管所辗转向各企业募集捐款,拜访松下幸之助的时候有幸得到了 1000 万日元的捐款,成功设立了少管所,退职以后受到松下幸之助的邀请,作为负责社会活动的董事进入松下电器工作,最终,他升到了常务董事,统领松下电器的社会活动部门。

可以看出,松下幸之助任命组织领导时重视道德和公正,重视现代企业社会责任中的社会公益活动,从外部招贤纳士,这些都与现代企业治理的思想相通。

管理和伦理观:立场、利润与和谐

领导人的恰当立场决定了企业伦理

在变化迅猛的时代,今后该如何构筑、维持和传承企业伦理呢?假如经营者个人的道德意识比社会共识还要高尚,而且直接与企业的道德理念相通,极端一点来看,讨论企业伦理的必然性就变小了。

在担任总裁期间,松下幸之助从来没有为了贯彻企业伦理而组建特殊的部门。松下电器推行的企业伦理,归根结底还是创业者松下幸之助探究出了属于自己的经营哲学,在"纲领信条"之下,网罗各种各样的经营理念,形成独有的企业文化,将其自然而然地渗透到企业的每一个角落。

　　具有企业的出资方和经营者双重身份,像松下幸之助这样的企业家(资本家)都有一种倾向,就是从强大的领导力当中,将企业家的价值观化作全员的道德意识继续传承下去。

　　可是,魅力型的领袖一旦离开,企业中的领导力就会递减,在这种情况下,包括伦理观念在内,企业整体都会呈现出非常易变的状态——每当企业更换经营责任者,就会面临这样的风险。特别地,要提升企业的伦理观需要付出非同一般的努力,而降低标准却再容易不过。企业伦理不能像销量和利润一样靠数字来衡量,因此,很难知道企业的伦理观念是否被贯彻落实。

　　解释企业伦理观念是困难的,德鲁克在《已经发生的未来》中写道："企业对社会产生一定的影响，基于这个理由，经营者身上肩负的社会责任规定了他们要有怎样的伦理。因此这不只是伦理的规范，还是政治性的规范。"

换句话说，是否符合伦理规范仅仅意味着能不能做到在各种情况下准确无误地采取合适的处理方式，会不会出现立场不恰当的问题。这是一个非常惊人的观点，事实就是这个观点所说的那样。

作为一名企业家，松下幸之助认为企业伦理极大程度上取决于经营者的人格，因此松下幸之助将组织委托给道德素养高的人，而不是经营技术高超的人。

针对这一点，德鲁克从管理中捕捉到了企业伦理的本质。仔细一想，企业本身就是依赖于管理运营，而管理是一种技术，做得好便不会威胁到企业安全的要求和舆论。

利润是企业履行社会责任的根基

从社会层面说的完善的企业伦理和企业治理，这么看来总觉得只是一种假象。不过，摆在企业家和经营者面前的是严峻的经营现场,除了做出被认为正确的行为外,别无选择。德鲁克和松下幸之助的思想似乎在以下两大原则存在相同之处。

第一大原则是企业的公共性。不管企业是谁创立的,不管创始人的理念是什么,这个本质都不会改变。松下幸之助是因为税收冲突才认知到这一点的,但是他并不是因此妥协,也不是为了自己方便而这样想。

松下幸之助宣扬企业的公共性,企业的使命是提供产品和服务,这源于社会和大众的需求,而且企业通过使用社会的人才、资金、土地等资源来开展自己的事业,既然企业以公共资产作为本钱,就必须为社会做出贡献。

德鲁克强调了组织的社会性。组织是为了人类的幸福而诞生的,随着时代的发展,这一点变得越来越必要。在已经迎来组织型社会的当下,企业必须承认:组织的公共性是原则中的原则。

第二大原则是,利润是企业履行社会责任的基础。以利润为先、忽视安全性的企业体制一度受到谴责,虽然容易对利润产生误解,但是追求利润本身并不是不对的，问题出在轻视了安全性和信赖感。从企业的本质来看，创造利润是企业根本性的社会责任，松下幸之助和德鲁克好像是事先商量好了一样，他们都强调这一点。

德鲁克在《后资本主义社会》中提道："经济绩效是企业的首要责任。企业获得的利润至少应该达到与资本成本相称，否则可以说企业对社会没尽到责任，这样的企业只是在浪费社会资源。没有盈利，企业就无法履行其他的责任，既不能成为好雇主，也不能成为公民的好邻居。"

松下幸之助在《实践经营哲学》中说："如果社会不认可企业追求利润的正当性，所有的企业都不盈利，那么会发生什么？不用多说，国家和地方的税收肯定会减少，最终陷入困境的还是国民……考虑到这个层面，就会意识到企业的利润是至关重要的。因此，无论面对什么样的社会形势，企业都要真诚地为履行使命而努力，同时，从经营活动中获得适当的利润，并通过税收将利润回馈给社会——这是企业的一大责任。"

德鲁克和松下幸之助都认为，所有企业活动都必须符合公共利益,为了使公共利益可持续发展,德鲁克说"应当将公共利益的一部分作为适当的私人利益进行调整",松下幸之助说"企业应得到适当的利润"。基于此,经营者必须提高企业利润,构建企业治理机制。

对立与和谐:避免长期冲突

仔细想想,企业总是与利益相关方相冲突,内部和外部当事方的价值观往往存在出入。企业伦理、企业治理与经营现实难以协调,有时候甚至会让人质疑这是不是我们的本职工作,但是,企业家的重要性正体现在面对这种难以调和的适应能力上。

德鲁克说:"今天,为了实现自由社会,需要回归和谐理念,一种既不单一也不多元的社会观,整体与局部相辅相成的社会观。"(《公司的概念》)松下幸之助强调"对立同时和谐"的重要性,并表示了"这是一种自然法则、社会的理想形态"(《实践经营哲学》)。

这两个说法并不是不允许冲突存在,而是强调一直保持冲突的状态是不行的,对于未来的企业家来说,保持和谐的态度变得更加重要,这是管理的重要方面。

另外,在企业经营活动的过程中必须坚持以人为本,当出现问题时不让顾客、员工等受到人身伤害。

熟谙企业的公共性和保证利润这两大原则,重视调和,持续进行以人为本的管理,这才是企业家应有的作风。

CHAPTER 6
第 6 章

日本式管理超越日本

德鲁克对日本的观察是非常深刻的,他在三篇文章中对日本传统性的看法可以概括为以下四点:①日本人重视全体人员的共识;②在"道"的精神指引下,终身不断修行;③每个人都彼此独立,又和谐相处、同属集体;④保持两极性,在接触外国文化的同时也能听从于自己的内心,在不丧失身份认同的基础上学习新文化。

松下幸之助出版了《松下幸之助的人生观第二卷:日本传统精神,关于日本和日本人》,列举了日本传统精神的三种特质:①集众智;②保主座;③以和为贵。

德鲁克：邂逅日本艺术，发现传统性

邂逅日本艺术：德鲁克感受到的冲击

很多人都知道，德鲁克和松下幸之助论述了经营和社会，不过，不知道是不是巧合，值得我们注意的是，两位大咖都对日本这个国家、日本是什么、什么是日本式的很感兴趣，都进行了各自的思考。

日本对德鲁克和松下幸之助都具有重要意义。对于日本或日本特色，日本人理解和思考到什么程度呢？多多少少还是思考过对食物和住房的喜好吧，可能没有多少人对风格背后的精神层面感兴趣。

德鲁克通晓日本艺术，不过他的喜好不仅仅停留在对日本感兴趣这个程度。日本高速实现现代化这一事实，似乎一直刺激着德鲁克对这个重要主题进行关注，而松下幸之助也将日本和日本人作为自己思考的一大课题。

德鲁克和松下幸之助从他们对日本和日本人的思考当中获得了什么启示呢？德鲁克首先对日本的哪个方面

第 6 章
日本式管理超越日本

进行了观察和思考呢?

1934 年 6 月,德鲁克在伦敦第一次与"日本"相遇,当时德鲁克是弗里德伯格商事的员工,恰巧当时伦敦正在举行一场大多数欧洲人都不知道的日本画展。年轻的德鲁克对日本一无所知,作为一个美术爱好者,在当时偶然下起的大雨中,不经意间跑进展览馆避雨,这对于德鲁克来说是"第一次接触日本"。德鲁克坦白道:"我此后的经历,都不及我当时在昏暗的美术馆中感受到的震撼,我被日本画迷住了,至今依然如此。"(《成为职场人的条件》的序言"致日本读者")

也就是说,德鲁克是通过艺术的世界知晓日本的。他对日本进行正式评论,是 1979 年写的《日本画里的日本人》[一]这篇评论日本艺术的文章。

仅凭这一评论,我们也能很清楚地了解到从第二次世界大战前夕与日本艺术相遇以来,德鲁克进行了多么有深度的研究,他在文章中提及十多位艺术家,包括曾我萧白[二]、

[一] 原题是"A View of Japan through Japanese Art"。
[二] 曾我萧白(1730—1781),江户时代的画家。——译者注

长泽芦雪^㊀、伊藤若冲^㊁、圆山应举^㊂、狩野探幽^㊃、久隅守景^㊄等,考虑到当时英语文献资料的局限性,难以想象一个外国人竟然能列举这么多日本艺术家,而且德鲁克的评论不仅仅是欣赏日本艺术后写下的,更是深入研究日本艺术史后写下的。

许多外国研究者讨论第二次世界大战之后日本高速成长的原因,大多数是从表面对日本进行观察并展开论述,例如对商业习惯和优势产业等内容的分析。在这种背景下,我们才能感受到德鲁克的日本论与其他外国人的评论相比是何等伟大,或许在于他通过接触日本艺术,对日本民族的自我同一性有了很好的了解,还对日本政治、社会和历史进行了学习。

德鲁克的日本论,在他主要著作的日语版序言当中

㊀ 长泽芦雪(1754—1799),江户时代的画家,圆山应举的得意门生。——译者注
㊁ 伊藤若冲(1716—1800),江户时代的画家。——译者注
㊂ 圆山应举(1733—1795),江户时代的画家,系日本绘画中圆山派的始祖。——译者注
㊃ 狩野探幽(1602—1674),江户时代的画家,奠定了江户时代绘画的基础。——译者注
㊄ 久隅守景,生卒年不详,江户时代的画家,狩野探幽的得意门生。——译者注

被提到多次,比如在《哈佛商业评论》上写的两篇文章《从日本经营中所学》㊀和《日本成功的背后》㊁,再加上《日本画里的日本人》,让我们从这三篇文章中探寻德鲁克日本论的本质。

文章1:《从日本经营中所学》(1971年)

通过讨论了解问题的本质

这篇文章写于1971年,前一年大阪万国博览会刚结束,日本仍处于高速增长的时期,文章标题很明显地表达出那个时代的氛围。

粗略地说,这篇文章指出了日本和日本人的三个特点:第一是日本人可以做出有效的决策,第二是日本的员工的就业保障和企业的生产力平衡,第三是日本拥有独特的系统对年轻的管理人员进行管理和培养。在这里,我们先对第一点和第三点进行总结。

首先看一下日本人的决策特征。德鲁克从历史的角

㊀ 原题是"What We Can Learn from Japanese Management"。
㊁ 原题是"Behind Japan's Success"。

度分析之后得到结论说,日本人有一个很大的特点。虽然会让人觉得有点过激,但是日本人的态度很容易发生180度的转变,从日本允许和禁止基督教传播的历史、锁国和开放的历史,都可以看到这一点。

德鲁克对日本人实现明治维新[一]的能力特别感兴趣,他指出,明治维新成功的关键是日本高层通过"共识"做出决定。日本人在意见达成一致之前,会不断提出各种建议,直到形成共识才会做出决定。事实上,与欧美国家相比,日本因为革命而牺牲的人数明显很少,在江户幕府末期,幕府的官员、封建领主的成员和市井的思想家都积极参与讨论,最终因为江户幕府将军的宣言,人们的看法发生了巨大的转变。德鲁克指出,因为德川庆喜[二]确信了时代和民众的共识,才实施了大政奉还[三]。事实正如同他说的那样,不是吗?

[一] 明治维新,日本19世纪中后期开始的一系列运动,推翻江户幕府,成立了明治政府。建立打破外国列强威胁的新体制,被视为日本近代化的开始。——译者注
[二] 德川庆喜(1837—1913),江户幕府时期最后一代将军。——译者注
[三] 大政奉还,1867年,德川庆喜将统治权交还天皇,推翻江户幕府。——译者注

德鲁克将日本人与西方人在决策方式上的差异描述如下:"对于我们(西方人)来说,会将所有的重点都放在问题的答案上……然而,对于日本人来说,决策的关键因素是问题的明确化。"他补充说,"重要又困难的一步是决定是否有必要做出决策,以及关于什么做出决策,日本人正是在这一步骤中旨在达成'共识'。"换句话说,西方人认为的"决策"是在日本人将问题明确化之后发生的,决策方式上的差异常常会在国际商业洽谈中造成误解。

决策能够发生重大转变,是因为企业允许最高权力者独断,可是在现实中情况并非如此,因为最高权力者也重视"共识"。德鲁克说,虽然看起来很矛盾,之所以共识和专断并存,是因为日本人注重理解问题的本质,在取得共识之前会非常慎重地进行讨论。

日本式人才培养:极尽熟练的自主训练

在人才教育和训练方面,德鲁克指出日本式人才培养有两点好处。

第一点好处是,教育课程中不仅纳入了工作本身的改进,还加入了改善达成工作目标的过程。日本员工的研修会刻意加大工作负荷和研修力度,如果认真对待研修,有可能会影响日常业务,而且有一种传统观念认为:为了解决研修课题进行的晚上工作不属于加班。忍受负荷的行为本身是基于这样的前提:"为了改善工作你需要做什么?需要学什么?"培训工作的方针是使学员自主地发现问题,通过创意改进工作,这被列为支撑培训系统的道德原则,对员工的个人发展是十分有利的。

第二点好处是,对提高生产效率的认识总是融入个人的长期课题之中。德鲁克说,日本人很难体会到这一点跟西方的差异。在西方,企业一般认为,员工一旦达到目标水准就会被提拔,他们在需要的时候接受培训就好了,可是这种方法只能让学习者停留在标准水平。相比之下,日本人的教育不仅仅是为了达到某一标准,更是为了提高熟练程度,他们倾向于自主训练。德鲁克对日本人工作观有如下总结:日本人将他们的传统应用到了企业和产业中。

德鲁克所说的传统是起源于武士道的"终身训练",

像剑道、书道等,无论你变得多么有名,都必须坚持训练,如果懈怠了,就无法维持自己的技能水准。德鲁克指出,欧美公司长期受到极端专业化和本位主义的困扰,这种"终身训练"或"持续训练"对解决这一困扰非常有效。

特别是对职能部门员工来说,日本企业在进行重大人事变动的时候从不犹豫,并不是不考虑相关人员的知识储备和能力,而是因为它们认为可以通过不断培训让员工掌握新的工作。德鲁克认为,这种教育传统实际上对培养通用人才非常有用,管理者越身居高位越应该自主学习。自我启发作为重要的自律手段,也是日本人从"道"中领悟的终身训练的传统。

德鲁克对此也并不全是赞美之词。尽管有这种持续的教育理念,日本公司基本上还是以工龄和资历论资排辈,员工在升迁速度上跟同龄人没有太大的区别。德鲁克指出,这样能够有效培养出不会失败的管理者,但并不适合培养善于自主思考而且有个性的经营者。最后,日本的员工迎来了德鲁克所说的"最后的审判日":在这一天,年龄到达 45 岁的干部会突然被分为优秀者和拙劣者，优秀者将被选为最高管理层候补人才。正是在这里，经营团队会考察每个人的终身培训程度，并选择继任者。虽然很难理清选拔的标准，至少德鲁克在文章中强调，在日本企业，所有干部包括中层干部亲自培养年轻员工才是经营团队的重大责任。

文章 2：《日本成功的背后》(1981 年)

为了更大的目的达成共识

在《从日本经营中所学》发表 10 年之后，德鲁克撰写的《日本成功的背后》同样发表在《哈佛商业评论》。进入 20 世纪 80 年代，专注于快速增长的日本社会正以"日本股份有限公司"的形象成功地得到国际认可，美国发展受到威胁，这篇文章正是在这个时候创作的。20 世纪 70 年代日本克服了石油危机，在 20 世纪 80 年代后期，日本经济开始腾飞并进入泡沫经济阶段。但是在这篇文章中，德鲁克的观点与日本的主流观点略有不同。

1971 年在日美企业经营者会议上，一位美国商人首次使用了"日本股份有限公司"这一说法，他指出，日本政府被视为总部，大企业被视为旗下事业部，官民一体，日本仿佛是单一企业体制。换句话说，国际贸易中日本市场的高壁垒就是因为存在官民一体的封闭经济体制，针对这一点的批判变得人尽皆知。

与这种观点相反，德鲁克认为，"日本股份有限公司"事实上并不是像上面说的那样单纯的结构，也不是铁板一块。《日本成功的背后》完全是从经济的角度，指出了日本的传统本质。

德鲁克在谈到"日本股份有限公司"时说："为了有效参与世界经济，日本人虽然达成了必要的共识，但与'日本股份有限公司'这样的奇迹不同，日本能够在产业竞争中获得胜利，并不是因为在想法和行动上有统一性，相反，是一个更有趣的原因：企业利用日本国民生活的多样性来产生有效的经济行为，这是政治惯例的结果。"

换句话说，日本人民并不是由单一的思想团结起来的，而是在各种思想混合存在的状态下，在冲突中找到协调点，为了更大的目的达成共识。

涩泽荣一[1]的企业家精神:重视国家利益,善于平衡

德鲁克认为,以国家利益为先的日本经济发展目的,是受日本资本主义之父涩泽荣一的影响而形成的。德鲁克高度评价涩泽荣一和三菱集团的创始人岩崎弥太郎[2]为日本的实业家,虽然德鲁克并没有详细讲述他们,作为领导者,这两个人形成了鲜明的对比。涩泽荣一专注于国家利益,重视为了整体的共同利益而平衡部分利益;岩崎弥太郎则充分发挥个人才能,可以说是魅力型企业家的典型。

在德鲁克看来,在第二次世界大战之后,人们对涩泽式企业家精神和岩崎式企业家精神的接受方式发生了逆转。换句话说,在战前岩崎式企业家精神被实业家们所接受,人们认为企业家绽放个人光彩、凭着自己的才识发展事业是正确的,岩崎弥太郎的成功给实业家们留下了深刻印象。不过,战争结束后人们对于这两种企业家精神的接受方式也随之发生转换。

---

[1] 涩泽荣一(1840—1931),明治、大正时代实业家,参与设立和经营的公司大约500家,参与创办了多所大学。他阐述何为正确经营之道的书《论语与算盘》至今还是畅销书。——译者注
[2] 岩崎弥太郎(1835—1885),明治时代实业家。——译者注

要在战后恢复经济，需要什么样的企业家精神呢？背后的问题是：每个企业家都像岩崎弥太郎那样运用个人力量，按照自己的想法纵横驰骋就可以了吗？人们产生这样的纠结。日本面临的是一个复杂的现代社会，既要参与竞争激烈的世界经济，又要依靠竞争拉动发展、重视平衡的经营模式。德鲁克在讨论中，大胆地提出了这样的见解，他认为涩泽荣一曾经提出的企业家精神是合理的，所以日本选择了涩泽荣一。

事实上，这一时期很多企业领导人都被盟军最高司令官总司令部免职，取而代之的企业家们可能更倾向于强调自然与和谐的稳固经营，而不是发挥强有力的个人领导才能。

德鲁克认为，涩泽荣一的志向基于以下四个规则习惯：

1）重视竞争力；
2）将国家利益放在首位；
3）强调对外关系；
4）对于不得不与之共存的敌人，不要取得决定性的胜利。

德鲁克的结论是：虽然"日本股份有限公司"看似

是在进行完全一致的团体行动，其实并没有那么神秘，它们知道该如何有效地利用紧张局势和冲突，善于从多样化的利害关系、价值观和制度中寻求统一的行动，在竞争势力的包围下，日本企业群体在依靠这些力量的同时，激发出自身的强大力量和凝聚力。日本成功的背后有诸多传统因素，不仅在经济方面，而且在艺术、科学和文学方面，日本人拥有以最高水平为目标并为之努力的精神。

文章 3：《日本画里的日本人》（1979 年）

根植民族文化：日本自绳文时代⊖以来的感知力传统

正如我在这一章开头说的那样，德鲁克与日本相遇后写下的《日本画里的日本人》这篇文章十分有趣，它是为杂志《笔之歌》写的，这本杂志于 1979 年和 1980 年在纽约、剑桥（马萨诸塞州）、丹佛、旧金山和西雅图举行的日本艺术展览时编辑发行。在这篇

⊖ 绳文时代，指日本旧石器时代末期至新石器时代，这一时期以绳纹陶器的逐步使用为主要特征。——译者注

文章里德鲁克指出,日本的一个重要特点是它的"感知力"。

论证的流程是独特的。德鲁克一开始就认为,作为日本文化的一个特征,个性之美在日本绳纹陶器和埴轮①中已经表现出来了,直到已故室町②茶师、侘茶③的创始人村田珠光④对茶道进行改革后,不对称的个性之美才被普遍接受,视为日本审美精神的一部分。一般认为,村田珠光创立了侘茶,他的弟子宗珠,以及武野绍鸥⑤等人推动了侘茶发展,千利休⑥则完善了侘茶。然而,德鲁克通过自己的观察表明,个性之美的历史要悠久得多。

就算是对日本人来说,德鲁克的这种想法也不容易理解,在普通日本人的常识中,村田珠光并没有千利休

---

① 埴轮,日本古坟时代(3世纪至7世纪)为了祭祀和避邪而制作的陶器。——译者注
② 室町,室町时代(1336～1573年)。
③ 侘茶,茶道的一种,强调朴素境界"寂"的精神。——译者注
④ 村田珠光(1423—1502),僧侣,侘茶的创始人。——译者注
⑤ 武野绍鸥(1502—1555),富商、茶人。——译者注
⑥ 千利休(1522—1591),侘茶的完成者,被称为茶圣。——译者注

那样的知名度。

村田珠光是个僧侣,他与能阿弥㊀和一休禅师㊁的友谊对他影响很大,他从一休禅师的话"佛法在茶道中也能找到"中得到启发,在不断精进中达到了茶禅一味㊂的境地。村田珠光对茶道的构思可以从他的表达中看出来,如"即使是名贵的马也能拴在草屋旁""比起满月,躲在云层后面的月亮更有趣、更有美感"等。在这类话语中,村田珠光将粗糙破旧的草屋与名马这样的佳品相组合,在意想不到的对比中发现美,又或是否定了完美的满月,认为事物不一定要有完全性。

但是,德鲁克从最先在浮世绘㊃中了解到的日本艺术思想史出发,认为赞成对比之美而非对称之美、赞成不完美之美而非完美之美这种思想,在绳文时代就已经存在,远早于村田珠光。

㊀ 能阿弥(1397—1471),水墨画人、茶人、鉴定家。——译者注
㊁ 一休禅师(1394—1481),临济宗大德寺派僧侣、诗人。——译者注
㊂ 茶禅一味,茶道起源于禅宗,两者看似不同,但追求的境界相同。——译者注
㊃ 浮世绘,江户时代流行的庶民绘画,包括木版画作品和手绘作品。——译者注

重视协调合作性：日本的两极性文化

德鲁克认为，日本是垂直关系社会，这个社会的一个特点是：规则得到尊重，需要遵循团体意志，强调协调的重要性。支撑国家经济快速发展的"日本股份有限公司"系统是日本社会的自然产物。无论它是因为中央政府和民间企业共同作用产生的，还是因为农村地区"家"社会的封闭性能够持续下去，背后都具有相同的本质——强调协调的重要性。

德鲁克认为，社会和集团重视协调合作性，而文化层面则表现出个人主义的自由和宽容精神，这种两极化正是日本社会的特点。

再把时代往前推一点，就可以在艺术界找到一些这种两极性的例子。以花鸟画和水墨画为例，与花鸟画的华丽装饰风格相比，水墨画具有简单朴素的风格，只使用一种颜色的墨水以深浅来表现光影。日本画家并不只是选择其中一种绘画方式，同一个画家会画两种不同风格的画。如果以建筑为例，可以发现京都的二条城是一个极其富丽堂皇的建筑，而西边十公里处的桂离宫则显出简单朴素而又精致的风情。

对一个外国人来说，这两种极端的取向似乎十分矛盾，德鲁克注意到，它们实际上已经影响到日本社会的每个角落。在教育界可以发现这种两极性：在家里被捧在手心上抚养的孩子，进入小学就会受到严厉的教育，可是在通过艰苦的大学入学考试之后，社会又会放松对他们的要求。

在组织中也可以看到同样的两极性。西欧的组织要么是"独裁"，要么是"民主"，日本组织的实际形态则是两者的结合，虽然最高管理层看似很"专制"，但是组织决策会自然地在组织内部进行"共识"和"参与"，形成团队意见。

与自然融为一体，对宇宙的信仰

德鲁克认为，日本人具有的两极性造成了他们特有的紧张感。在西欧，正因为两极性无法维持，所以"专制"或"民主"中总有一方试图完全支配另一方；与此不同，日本保留了两极之间的冲突和紧张，这是一个非常重要的特征。德鲁克说，为了理解日本艺术，必须理解日本社会的两极性，并分析：这一特点自然成为日本产业和社会结构独特活力的来源，明治维新可以被解释为剧烈动荡的两极化带来了巨大能量、推动了大改革。

那么，为什么日本的传统性会成为一种"感知力"呢？

德鲁克对于日本的风景画抱有一个疑问：为什么日本的风景画通常不描绘人物？德鲁克认为原因在于日本人自我同一性的认知方式，换句话说，日本人心中有这样一个感觉——"人，也就是我们日本人，是自然的一部分"。

德鲁克第一次来到日本的时候，对日本人使用"我们日本人"的称呼感到厌恶，他说，这种表达的背后隐藏的含义是"外国人永远无法理解我们日本人"。德鲁克指出：神道教影响着日本人意识的基础。日本的神道教起源于纯粹的民族信仰，很少受到其他宗教的影响，这与西方存在的宗教在性质上就有所不同，日本人正是察觉到意识深处的异质性，才出现了"我们日本人"这样的表达。

神道教这种民族信仰不仅仅是对人类环境的信仰，也是对自然和宇宙的信仰，包括动物和植物。因此，德鲁克认为，与自然融为一体的人就不必被画进风景画中了,通过描绘风景,日本人的灵魂也自然被描绘了出来,正是在这个基础上,日本人倾向于把自己看作独一无二的存在。

和魂洋才的五大秘籍

那么,把自己看作独一无二的日本人,是如何吸收不同文化的呢?德鲁克认为,在美术世界中将外国文化本土化是日本的传统,其本质在于日本人的感知力。

其中一个例子是日本的南画。在水墨画的发源地中国,有一种叫作"破墨"的技法,首先学会这一技法的日本人是15世纪时的雪舟㊀,雪舟回到日本后,把这种技法传给了他的学生,这种技法代代相传,在江户时代产生了许多南画艺术家,如田能村竹田㊁。他们并没有单单停留在"破墨"这一技法上,尽管笔触和水墨画的浓淡几乎相同,但是也有一些不同之处。德鲁克把这种差异归结为看待空间的方式,日本人非常重视空间,他们不是立即作画,而是先把握空间再画,这种思维方式使他

㊀ 雪舟(1420—1502),僧侣、水墨画家,明朝时期到中国学习水墨画,后回到日本。——译者注
㊁ 田能村竹田(1777—1835),江户时代的文人画家。——译者注

们具有独特的设计性,能够将外国的技法进行日本化。

这种模式很普遍,在日本佛教艺术中也很明显。德鲁克认为,日本化的特征就是学习外国文化并使之成为自己的文化,这一点具有普遍性,还可以在艺术以外的现象中观察到。然而,这并不意味着日本人是盲目地吸收外国文化。德鲁克通过分析,发现日本人吸收外国文化时有五个迹象:

1)使外国文化变得更像"日本"的东西;
2)适合于整体的设计,而不是个别部分的结构;
3)适用于日本人的人际关系;
4)能够丰富日本独特的精神生活;
5)符合日本人的精神价值观。

按照德鲁克的说法,这些感觉都在日本综合商社○

○ 日本综合商社是日本首创的一种商业组织,是指以贸易为主导,多种经营并存,集贸易、金融、信息、仓储、运输、组织与协调等综合功能于一体的跨国公司形式的组织载体,是典型的内外贸一体化的大型流通企业。明治初期,在政府的推动下,三井、三菱、住友等商人家族一举扩展为横跨生产、流通、金融三大领域的垄断财阀,以财阀为龙头组成的产业集团逐渐形成了最初的综合商社。——译者注

的经营中被继承下来，德鲁克认为，为了完善日本价值观而对外国文化进行选择和消化，这种直观能力与日本独特的综合商社的价值观是相符合的。

日本人在珍惜自己的精神世界的同时，也发挥自己的感知力，吸收了各种外国文化的精华，不仅使艺术日本化，而且使政治、经济、工业和文化等各个方面都日本化，能够做到这一点，关键在于日本人的"感知力"。在《日本画里的日本人》这篇文章里，德鲁克通过分析日本艺术对日本的传统性进行了这样的定义。

正如前面所说的那样，德鲁克对日本的观察是非常深刻的，他在三篇文章中对日本传统性的看法可以概括为以下四点：

1）日本人重视全体人员的共识；
2）在"道"的精神指引下，终身不断修行；
3）每个人都彼此独立，又和谐相处、同属集体；
4）保持两极性，在接触外国文化的同时也能听从于自己的内心，在不丧失身份认同的基础上学习新文化。

那么，松下幸之助对日本的传统性有什么看法呢？

松下幸之助：日本传统精神的三种特质

为了实现人类的共同繁荣、和平与幸福

自 1946 年成立 PHP 研究所以来，松下幸之助一直将"人类究竟是什么"视为 PHP 研究的基本前提，1972 年出版了《松下幸之助的人生观：提倡新的人类观》，1975 年又出版了《松下幸之助的人生观：提倡新的人类观，寻找人类的真正道路》，1982 年更是出版了《松下幸之助的人生观第二卷：日本传统精神，关于日本和日本人》。

作为一系列对人类进行思考的书籍，为什么第二卷要将"日本"作为主题呢？在这本书的前言中，松下幸之助写道："我认为重要的是，要先了解到日本是一个什么样的国家、日本人有什么样的特点和传统，在这个基础上再去思考适合日本的政治、经济和教育应该是什么样的。"

也许正是一直思考人类如何繁荣和幸福，同时思考现实社会的政治、经济、教育和宗教的理想状态，才使得松下幸之助直面"什么样的活动才能与国家和民族的

自我同一性相适应"这个问题。

实际上，松下幸之助的日本论在此之前就有了。1965年他开始在《实业之日本》和 PHP 这两本杂志上发表一系列专栏文章，主题为"崭新的日本：日本的繁荣史"。

关于选择这一主题的原因，松下幸之助在第一篇连载中写道："之所以想描绘崭新的日本这一主题，部分原因是我在至今为止的人生中，已经多次思考过这类问题。从年轻的时候开始，我就常常以自己的方式对世间的事物抱有'这真的好吗'的想法。每当这时，我就会思考，人类、人生或者人类所创造的社会究竟应该是怎样的，在直面战争刚结束时的悲惨状况后，我不得不更深入地思考人生应该是什么样子，如何最好地实现人类的共同繁荣、和平与幸福。"

战争结束 20 年以后，松下幸之助感觉到，尽管日本已经取得了一定的经济复苏，但是离他所设想的理想社会还有很大的距离。

在这一系列专栏文章中，松下幸之助试图根据日本的实际情况重新审视 PHP 的理念，并提出有助于日本真正繁荣的建议。

人类的普遍性、国民性和民族性并存

值得注意的是，松下幸之助在这个系列连载的第二篇文章《普遍性、国民性和民族性》中表明了自己的态度：为了考虑真正的人类社会的幸福，我们必须考虑到日本国民和民族的特点。在第四篇文章《日本和日本人》中，他首次讨论了这些特点。这个系列的 70 多篇文章一直连载到 1971 年 5 月，连载文章以政治和经济事件为中心，论述日本的问题并提出建议。通过这些连载文章，松下幸之助论证了人类社会的普遍性，同时基于日本人的特点，指出了日本当时的发展方向。

1982 年，松下幸之助出版了《松下幸之助的人生观第二卷：日本传统精神，关于日本和日本人》，以更完整的形式归纳、总结他早期在"崭新的日本：日本的繁荣史"当中的描述。

"关于日本和日本人"这一主题作为这一系列丛书的第二卷的名字，与第一卷相对应，也许是因为松下幸之助意识到，他所探求的人类观是无法在现实世界中统一描述的。

这本书的开篇为"人类的普遍性和国民性",开头是:"古往今来,人类的本质始终如一,没有改变,同时,它也超越了所有国家和民族,成为全人类共同的东西。今天,在这个地球上,有着许多民族和国家,各自拥有不同的语言、习俗和习惯。尽管有这些形式上的差异,但是这里所描述的人类的本质在所有人身上都是一样的,无论他属于哪个国家或民族。这样便可以说,人类的本质具有超越时间和国籍的普遍性。"

国家的运营必须立足于人类的普遍性。基于这一点,书中还提到以下内容。

"人类的普遍性可以说是非常重要的。同时,运营一个国家时,还必须得考虑另外两点,那就是这个国家的国民性和民族性。

"人类具有超越所有时代、所有空间的共同本质,可是,我们也可以说,每个人都是不同的。虽然人们是相似的,但是如果仔细观察每个人,就会发现世界上没有一模一样的人,每个人都有与众不同的地方,长相不同、性格不同、兴趣爱好不同、思考方式也不同，10个人就有10种不同的色彩，地球上有40亿人就有40亿种色彩，彼此各不相同。

"我觉得可以把这种不同称为个性。一方面有着作为人类共同的普遍性本质，另一方面又有着不相同的个性，这才是现实中'人'真正的样子，这就是人类与生俱来的天性。

"我认为这一点并非只适用于看待人类自身，看待国家、民族等共同体时也一样适用。"

在这本书中，松下幸之助以人类的普遍性为前提，思考了社会的理想状态，他还发现了一个独特的角度：如果不留意现实中的国民性、地域性和民族性，就无法创造共同的社会生活，其中包括无法为大众提供他们所期望的政治、经济和教育，等等。

《松下幸之助的人生观第二卷：日本传统精神，关于日本和日本人》在"崭新的日本：日本的繁荣史"中提出的问题的基础上，列举了日本传统精神的三种特质：①集众智；②保主座；③以和为贵。接下来我将一一介绍。

集众智：大事不可独断

论及"集众智"能成为日本传统精神的原因时，松下幸之助首先提到的是日本神话。日本的《古事记》和《日本书纪》既是史籍，又是神话书，这两本书描绘了八百万神明在高天原共同生活的场景，他们通过众议来做一切决定，换句话说，天照大神虽然是地位最高的神明，但也不独裁专制，而是通过讨论来决策。松下幸之助提到，在此之后的日本历史中也有很多类似的现象。

佛教传入日本的过程也是如此。552 年，百济⊖将佛像和佛教经书传入日本，那时候钦明天皇虽然为佛教的教义所倾倒，但还是询问身边的豪族是否认同佛教。

除此之外，在圣德太子⊜制定的十七条宪法当中，也明确体现了"集众智"的精神，特别是第十七条的"夫事不可独断，必与众宜。论少事是轻不可，必众唯

⊖ 百济，位于古代的朝鲜半岛西南部的国家，660 年被唐朝灭亡。——译者注
⊜ 圣德太子（574—622），用明天皇的第二皇子，曾派遣隋使向隋朝学习先进的文化和制度，主持制定了《冠位十二阶》及《十七条宪法》等规章法律制度，谋求确立以天皇为中心的中央集权国家体制。——译者注

速；论大事若疑有失，故与众相辨，辞则得理"。松下幸之助认为，这条体现了八百万神明众议后再做决定的传统被历代天皇代代相传，这样才能聚集群臣的智慧。

即使时过境迁，这一传统也从未被遗忘，就算是公认高度集权的战国大名⊖，也普遍和家臣之间采用合议制度。

进入近代之后，明治政府发表了五条誓文，揭示了国家经营、国民活动的根本方针，其中第一条就是"广兴会议，万机决于公论"。

松下幸之助说，通览日本的政治，毫无疑问，"集众智"的传统被传承至今，他还强调，"集众智"的传统不仅只汲取国内先人们的思想，还吸收来自国外的智慧。比如日本吸取了佛教、儒教和基督教等思想精华，令各种文化乃至近代的科学技术和法律制度，都自由而巧妙地融合。

保主座：保持主体性的同时积极学习、实际运用

松下幸之助提到的日本传统精神中的第二条是"保主座"。

⊖ 战国大名，战国时期拥有领土和武士的大封建主。——译者注

即使查辞典，也很难查到"主座"这个词的意思，只有《大辞林》收录了这个词，释义是"身为首领的地位"，可是松下幸之助想表达的并不是这个意思，这里的意思是他独创的。关于这个传统，松下幸之助解释说，"那是一种不迷失自我，保持自主性、主体性的同时，积极学习、尊重知识并且能够实际运用的素养"。

据松下幸之助所言，"集众智"并不是照搬全抄，而要将学来的东西改造成适合日本的形式，不要失去自我同一性，对学到的东西要追求符合自我认同感的做法，然后才加以采用。

前面说到的佛教也是如此。日本在学习佛教的时候，并没有原封不动地引进源自印度的原始佛教，在优秀学僧们的钻研下，诞生出多个适合日本国情的宗派，并将它们发展壮大。另外，引进佛教后日本人并没有全盘否定日本固有的神道教，而是继续遵守着生活中的传统习惯。

从文化上来看，这种趋势在文字的传播上也可见一斑。日本使用的汉字原本是从中国传过来的，所以汉字原封不动地被日本人使用也无可厚非,事实上日本人以汉字为基础,创造出平假名和片假名,将它们与汉字组合在一起使用,方便了大众的阅读和书写。

这些例子说明,日本并非将外国文化照单全收,而是将其改造成符合日本社会实际情况的形式,从而不失去"日本"这一主座地位。

从政治上来看,日本与部分国家不同的一点,体现在以天皇为中心、维持了两千年的国家形态上。天皇即使经受很大的政治压力,甚至失去政治实权,历代当权者也未曾想过要篡夺天皇精神象征的地位,簇拥天皇的当权者们都十分尊重"天皇"这一主座,从未否定过其地位,并且继承至今。这个事实,可以说是日本传统之一的重要体现。

松下幸之助认为,日本在明治时代的近代化进程中,也充分发挥了这一传统:"当时,人们大多都提倡'和魂洋才',也就是说,重视作为日本人的灵魂,换一个说法就是坚持传统精神的同时,学习西洋先进的知识和技术,化为己用。"

然后,松下幸之助得出了如下结论:"大家都说,纵观日本上下两千年的历史,日本人从零创造出的固有文化是极为稀少的。可以说,从日常生活的衣食住行,到政治和社会结构、产业运行方式、宗教和思想、艺术等,几乎全都是从外国引进的,几乎所有都是外国人教会我们的。即便如此,我们能将学到的东西灵活运用,创造出独属于日本的文化,甚至有些文化还备受外国人瞩目。"

以和为贵:发挥礼仪精神

松下幸之助提到的最后一条日本传统精神是"以和为贵"。回顾一下,日本虽然有长达两千年的历史,经历过的战争还是很少的,有些国家与接壤的邻国发生长时间的冲突,是因为一方要征服另一方,还有些战争是因为宗教信仰不同而引起的。

前面说到"集众智""保主座"的时候,提到了日本传统精神象征人物之一圣德太子。圣德太子《十七条宪法》的第一条就是"以和为贵",也可以作为佐证。

可是,虽然和其他国家相比能称得上是"以和为贵",这一点能不能升华到传统精神的高度呢?关于这个问题，松下幸之助阐述了发挥礼仪精神的真正含义。

比如，战国时代㊀的名将上杉谦信㊁的多年对手武田信玄㊂因为被敌人阻止经过骏河㊃运输食盐而陷入困境时，上杉谦信为他送去了自己领地的盐。再比如，岛津义弘㊄在万历朝鲜战争时因勇猛而扬名天下，回国后岛津义弘为了告慰日本军和朝鲜军双方战死士兵的亡灵，在高野山修建坟墓。即使在动乱的时代，也本着人道主义，贯彻落实将敌我一视同仁的态度，确实体现出松下幸之助所说的"以和为贵"的传统精神。

综上所述，松下幸之助将"集众智、保主座、以和为贵"视为日本的传统精神。当然，关于日本论众说纷纭，还有一些松下幸之助并未提及的日本人精神，比如热爱自然、心灵美和勤勉等特质，日本人自己经常能察觉到，松下幸之助也并不否认这些。此外，这里提到的传统精神都是正面的，当然也存在一些不太好的传统。

㊀ 战国时代，日本15世纪末至16世纪末的战争时期。——译者注
㊁ 上杉谦信（1530—1578），日本战国时代名将。——译者注
㊂ 武田信玄（1521—1573），日本战国时代名将。——译者注
㊃ 骏河，现在的静冈县。——译者注
㊄ 岛津义弘（1535—1619），日本战国时代名将。——译者注

在《松下幸之助的人生观第二卷：日本传统精神，关于日本和日本人》这本书中特意强调"集众智、保主座、以和为贵"，可以说是松下幸之助从现代角度出发提供了自己的独特见解。

遵循自然规律，从传统精神走向未来

重视创始人的哲学思想和经营理念

德鲁克和松下幸之助所认为的日本传统精神，有什么共同之处呢？德鲁克的日本观是这样的：

1）日本人重视全体人员的共识；
2）在"道"的精神指引下，终身不断修行；
3）每个人都彼此独立，又和谐相处、同属集体；
4）保持两极性，在接触外国文化的同时也能听从于自己的内心，在不丧失身份认同的基础上学习新文化。

德鲁克提出的四点，与松下幸之助提出的"集众智、保主座、以和为贵"的日本传统精神，有很多共同之处。

德鲁克提到的"日本人重视全体人员的共识",是松下幸之助提出的第一条"集众智"和第三条"以和为贵"结合在一起的内容,也就是日本人在做决定的过程中形成共识。

德鲁克所说的"保持两极性,在接触外国文化的同时也能听从于自己的内心,在不丧失身份认同的基础上学习新文化",跟松下幸之助提出的"保主座"精神差不多是一致的。这一点非常明确地体现在日本的政治、经济和企业经营等方面,即使日本政治上出现革新势力,也并没有到破坏社会整体秩序的地步。

比如,历史上曾经出现过像织田信长那样的秩序破坏者,但是他并没有表现出要立即篡夺天皇地位的举动;而奈良时代㊀的道镜㊁、室町幕府的足利义满㊂都曾有过觊觎皇位的想法,也只不过是在特定时代的特定政治局势

㊀ 奈良时代,狭义上是从710年迁都平城京时开始,至784年迁都长冈京时结束。广义上是从710年迁都平城京时开始,至794年迁都平安京时结束。——译者注
㊁ 道镜(700—772),奈良时代的僧侣,深受当时天皇的宠爱。——译者注
㊂ 足利义满(1358—1408),室町幕府第三代将军。——译者注

下出现的瞬间现象罢了。日本历史并不像中国历史那样有很多易姓革命（天子受命于天，以王朝治理社稷，若天子失德则革天命以改朝换代），日本历史上每次激进的政变都没有正当化的理由。

尊重天皇的存在本身，即"保主座"，也就等同于维持日本在政治方面的身份认同，这种认知方式总能自然而然地深入人心。

在企业的经营活动方面，从日本人重视经营理念这一点，也能看出"保主座"的精神。

优秀的日本企业非常重视创始人的哲学思想和作为企业传统的经营理念，即使通过兼并和收购实现多元化经营，被收购的企业能不能共享收购企业的哲学思想和经营理念是一个很大的课题。

抱有与竞争对手共存的强烈意识

此外，松下幸之助也极为重视德鲁克的日本观的第三点——"每个人都彼此独立，又和谐相处、同属集体"。虽然不能将这一点概括为日本的传统精神，但是在《实践经营哲学》中，松下幸之助提到了"对立与和谐",将它视为自己经营哲学的一个重要思想。松下幸之助以劳资关系为例对"对立与和谐"的意义做了描述,实际上"对立与和谐"的概念并没有那么局限。

松下幸之助解释说,在"共同繁荣"和"共存共荣"的大义之下,重要的是协调母公司与子公司之间的关系,以及协调本公司与在同一市场中进行激烈竞争的其他公司之间的关系,这个想法正与德鲁克在1981年发表的《日本成功的背后》中指出的"对于不得不与之共存的敌人,不要取得决定性的胜利"不谋而合。

关于涩泽荣一的大局观是如何被传承的,在这篇文章中,德鲁克并不认为日本人在日常活动中考虑了竞争对手的立场,刻意寻求与之共存的努力或合作。相反,在与竞争对手交流的重要场合,日本人总是试图找到彼此的共同点,尽最大努力维护彼此的共同利益不受损害。德鲁克指出,如果意识到自己与竞争对手属于同一群体(行业)而且必须在群体(行业)中共存,那么双方都会放弃专注于获取绝对的胜利,转而采取对立作为双方的有效状态。㊀

㊀ 不是彻底打倒对方,而是保持适度的紧张关系,把这种紧张关系作为发展的原动力。——译者注

松下幸之助的实践也反映了同样的态度。例如，松下幸之助在市场竞争中展示出的认真程度非同一般，"生意是一场真刀真枪的较量"，他对胜利的执着十分可怕，甚至为此斥责部下。但是，松下幸之助也强烈谴责运用资本的逻辑和通过过度竞争取得胜利的手段。诚然，获胜很重要，但是获胜不意味着完全消灭竞争对手。

这里提一件很久以前的逸事，发生在第二次世界大战结束后不久。当时松下电器真空管的产量急剧增加，到了投产第5年，松下电器终于成为日本真空管月产量第一的公司，松下幸之助却斥责了因为这项成果得意扬扬的负责人。如果冷静分析拥有35年从业经验的竞争对手和松下电器的真正实力，就会发现勉强让自己暂时成为行业顶尖企业这件事没有任何意义。如果竞争对手生产一百万根真空管，对松下电器来说，"以一根真空管的产量之差退居第二名，甘居人下"这样的"心有余裕"是最重要的。这里所说的"心有余裕"，指的是意识到自己应该与竞争对手共存，而非执着于胜利。

这样看来，采取以对立为前提但与之协调的态度来对待竞争，可能是日本传统精神在企业经营中发挥作用的独特现象。

对立与和谐是自然规律、宇宙真理

德鲁克的日本观与松下幸之助的日本传统精神在很多方面都惊人地一致，现代日本人应该如何看待这个问题呢？这里提供两种思考方式。

一是不能简单认为日本的灵性是由日本和日本人的民族性所带来的。德鲁克自然从日本的特质角度考虑过，松下幸之助也是如此，但是无论如何，如果仅仅将各自的思考结果总结为"针对日本人的日本论"，德鲁克和松下幸之助未必会同意。

考虑到通信的发展、行业全球化和全球环境恶化，在当下和不久的将来，寻求在全球层面的共识和"集众智"将变得越来越重要。从现在开始，我们必须以地球本身、以世界为中心进行思考，想想为了保护地球，每个国家、每个民族应该做些什么，这是全世界人民共同的使命。因此，有必要认清彼此间的差异，对和谐保持积极的态度。

我认为,这些被公认为日本传统精神的素质,在考虑人类共存这一问题时仍然有效,这些素质使得德鲁克和松下幸之助的思考能够被有效运用。

二是如何理解"对立与和谐"的结构。个体对立与整体趋同,接受两极性和异质性的同时保持自我同一性的能力,德鲁克和松下幸之助在观察日本和日本人时注意到了这个主轴。从宏观的、全局的高度看待这些事物,这是两位大咖特有的高度。

关于"对立与和谐",松下幸之助在《实践经营哲学》中说道:"仔细想想,宇宙中的一切事物都处于对立与和谐之中。每个人都有自己的个性,也就是所谓的主张自我,这是一种对立。因此可以认为月亮和太阳对立,山河也对立,男女也对立,但又不单纯是相互对立,相互对立又相互调和,形成了大自然和人类社会的秩序。对立与和谐可以说是一种自然规律,是社会的理想形态。"

在松下幸之助看来,"对立与和谐"的这种看法超越了社会常识,是自然和宇宙运行规律的真理。

从独特性中发现普遍性智慧

从独特性中发现普遍性智慧,可以在德鲁克身上看到这一点。为什么德鲁克不仅能看透企业经营,还能展望社会和文化的未来?这种看法的顺序本来是相反的。德鲁克把社会、政治和人类思想的变迁进行了理论化,他的视角非常具有大局观。再次重申,德鲁克并不认为管理是一种只用于企业经营的技术。管理更具普遍性,从个人的人生到社会中的各种组织都需要管理。

正如前面偶尔提到的那样,德鲁克称自己为"旁观者"。在德鲁克的自传《旁观者》的开头,德鲁克解释了他对事物的看法:"旁观者自己没有光荣历史,他存在于舞台上却不演戏,他不是观众,至少观众会左右这部戏剧的口碑,而旁观者不会改变任何东西。他会看到跟演员和观众所看到的不同的东西,从不同角度看问题,像棱镜那样折射,而不是像普通镜子那样反射。"

德鲁克自认为有能力回顾自己的所见所闻,在回顾之时抹去自己作为当事者的痕迹,或者说一开始就没有当事者的意识,因此可以从与常人不同的角度理解社会中思潮、政治和社会的变化，以及与之相伴的人心的变化，在不参与对立的情况下保持"旁观者"立场，"对立与和谐"可见一斑。因为能保持远离自我的感觉，德鲁克才能冷静地判断社会的真实情况。

有趣的是，德鲁克和松下幸之助都曾对日本和日本人进行过考察，而且他们的看法非常相似。他们都在探索日本的独特性，并试图在阐明这种独特性的过程中，寻找未来可以造福于人类、组织和社会的普遍性智慧，能够认识到这一点极为重要。

如果能把一项优秀的国民品质升华为一种拥有普遍性的特征，很有可能为世界的繁荣做出巨大贡献，当代的日本人应该吸收两位伟人的思想，更加主动自觉，努力将优良传统付诸实践。

POSTSCRIPT 结束语

写完这本书,我再次感受到德鲁克和松下幸之助各自拥有的哲学体系的广度。这本书虽然由 6 章组成,但我还没有介绍两位大咖在经营、工作、人生和社会方面的所有看法,他们思想的广度和深度就像大海。作为一名作家,我想请各位读者,趁着阅读这本书的机会,拿起德鲁克和松下幸之助的著作,认真咀嚼一下他们的思想。

这本书是在各种机会下,以及诸多朋友的建议和协作下完成的。

最初基于松下幸之助的研究,我试图在其他企业家的个人经历中寻求经营哲学的普遍性,当时德鲁克完全在我的视线之外。1998 年,我创办了名为《松下幸之助研究》的研究期刊并参与编辑，接连采访了与松下幸之助相熟的经营者们，同时计划让崭露头角的经营者们写一些关于松下幸之助的文章，于是我向当时总部位于山口县的迅销集团总裁柳井正[○]约稿。

柳井正总裁在《松下幸之助研究》2000年的秋季卷中以"使命、愿景和自我同一性的告示"为题发表了文章，其中提到自己有两位老师，并列出德鲁克和松下幸之助两位大咖的名字。

他写道："他们两人都对反权威、反权力、反学术的事物感兴趣，而且对人类更感兴趣，我在这两位看似对比鲜明的人身上感受到极大的相似之处，对两人怀有敬畏之心。在阅读他们的作品时，对两人'逼近事物本质并抓住它们，用通俗易懂的语言说清楚，让任何人都能理解'这一点，我总是十分钦佩。他们的观点不受时代束缚，充满了对有效经营的智慧，而且全世界通用，不分文化和国籍，我认为可以称之为经营的常识，也可以视之为原理原则、经营的诀窍。"

○ 柳井正，迅销集团董事长兼总经理，凭借休闲服装品牌"优衣库"大获成功的实业家。——译者注

当时备受产业界关注的柳井正总裁直言不讳，让我记忆犹新。以这篇稿件为契机，我很想总结一下这两位大咖的哲学，所以4年后在研究杂志《关于松下幸之助的论文集》中以"比较研究：德鲁克与松下幸之助"为主题开始了连载，直到2007年完成了本书的框架。因此，让我产生问题意识的柳井正总裁是这本书的第一位贵人。

另外，从开始验证自己的疑问那一刻开始，我心里就有一位想尽快见到的人——日本制作大学名誉教授兼德鲁克学会代表上田惇生教授。众所周知，上田教授在日本被称为德鲁克的化身，他跟德鲁克交往多年，钻石出版社出版的德鲁克著作的经典翻译都出自他手。

我听了上田教授的讲座，有幸采访了教授。当谈到自己的问题意识时，上田教授表示了极大认可，我对此感到非常高兴。"每个人心中都有一个德鲁克"⊖，这也是上田教授的信条，也是他尊重德鲁克学习者的态度。我参加德鲁克学会并向学会年报《文明与管理》投稿，

⊖ 每个人心中都有一个德鲁克，指学习者可以站在各自的立场上对德鲁克的理论进行理解。——译者注

我的文章《哲学态度——向德鲁克和松下幸之助学习》（2008年）也是由上田教授推荐的，本书引用的德鲁克著作也都有赖于上田教授的翻译，也就是说，没有上田教授在背后支持，这本书就不会出版。

最后，我要感谢PHP的同事的支持。佐藤悌二郎（PHP研究所经营理念研究所本部长）给予我坚定的鼓励，研究事业部的樱井济德先生和岛路久美子女士对我反复变更的书籍结构提出了各种建议，商务出版部的中泽直树部长也尽心尽力地解决了出版上的各种问题。我向他们表示衷心的感谢。

渡边祐介

2010年6月

年　谱

德鲁克的年谱参考了上田惇生《德鲁克思想入门》(钻石出版社)，以及钻石出版社官方网站上的年谱[1]。松下幸之助的年谱参考了PHP研究所编写的《松下幸之助的观察和思考方式》(PHP研究所)。

年份	彼得·德鲁克	松下幸之助
1894	—	11月27日，在和歌山县海草郡和佐村字千旦之木（现和歌山市根宜）出生，是松下政楠和松下德枝的第三个男孩
1899	—	父亲松下政楠因大米投资失败破产，移居至和歌山市内
1904	—	在普通小学学习四年后退学，在大阪市南区（现中央区）八幡筋的宫田火盆店当学徒
1905	—	在大阪市东区（现中央区）船场堺筋淡路町的五代自行车店当学徒
1909	11月19日，于奥匈帝国的维也纳出生。父亲阿道夫是奥匈帝国贸易部副部长，母亲卡罗琳是当时为数不多的女性医学家	—
1910	—	以内线见习工的身份进入大阪电灯公司

---

[1] https://drucker.diamond.co.jp/pages/chronology.html。

（续）

年份	彼得·德鲁克	松下幸之助
1911	—	从内线见习工晋升为工艺员
1915	—	与井植梅之结婚
1917	—	从工艺员晋升为质检员。当年从大阪电灯公司辞职，在大阪市猪饲野开始生产、销售插座
1918	—	3月7日，于大阪市北区西野田大开町（现大阪市福岛区大开）开设松下电气器具制作所，开始生产和销售双头插座和连接插座
1923	—	发明并推出炮弹型电池供电的自行车灯
1925	—	被提名参加区议员选举，以第二名的成绩当选
1927	提前一年从高中毕业后离开了维也纳，在德国汉堡一家贸易公司当学徒。同时，进入汉堡大学法学院学习	推出第一个带有"National"商标的角型灯
1929	开始在法兰克福为一家美国证券公司工作。转入法兰克福大学法律系。10月24日，"黑色星期四"，大萧条，就职的证券公司破产	公司名称改为松下电器，制定了公司的纲领和信条，明确说明了松下电器的基本方针。公司通过上半天班、将产量减半、支付全额工资等措施，在没有裁员的情况下，在大萧条中幸存下来
1930	成为当地主流报纸《法兰克福纪事报》的经济记者	—

(续)

年份	彼得·德鲁克	松下幸之助
1931	取得国际法博士学位。成为教授的研讨会代讲讲师。在研讨会上,遇到了他未来的妻子、当时还是大学生的多丽丝·施密特	自主研发的无线电接收器在日本广播协会(东京)的无线电装置竞赛中获得一等奖。开始自己生产干电池
1932	—	将5月5日定为公司成立的周年纪念日,举行公司成立的纪念仪式,明确了作为产业人的使命。松下幸之助将这一年称为"命知元年"。公司获得了无线电专利,并免费向公众提供这些专利
1933	纳粹党作为少数执政党组建了右翼联合政权。第一本书《弗里德里希·朱利叶·施塔尔:保守主义及其历史发展》由著名的莫尔出版社出版,出版后被列为禁书并被烧毁。随后逃离德国,在伦敦与多丽丝偶然再会	实行事业部制。开始早会和晚会。确立松下电器五精神(1937年增至七精神)。总公司迁至大阪的北河内郡门真地区(现门真市)
1934	开始在伦敦工作,在弗里德伯格商会担任分析师和助理合伙人。参加剑桥大学的凯恩斯主义讲座。在画廊避雨时被日本画吸引	成立松下电器店员培训机构,担任负责人
1935	—	松下电器改为股份制公司,松下电器产业株式会社成立,同时,现有的事业部制改为分公司制,成立了九个分公司

（续）

年份	彼得·德鲁克	松下幸之助
1936	—	日本广播协会（大阪）播放《谈谈实业之道》节目
1937	与多丽丝结婚并移居美国。给《金融时报》和其他英国报纸撰稿。向弗里德伯格商会和其他机构发送经济简报	—
1938	给《华盛顿邮报》及其他报社投稿，内容为欧洲事务	在高野山修建已故员工纪念塔
1939	出版第一本书《经济人的末日》，后来成为英国首相的温斯顿·丘吉尔在《泰晤士报》发表书评高度赞扬此书。在纽约莎拉·劳伦斯学院作为兼职讲师教授经济学和统计学。在美国各地巡回演讲	日本广播协会（大阪）播放《基于我的体验寄语各位店员》节目
1940	短期参与经济杂志《财富》的编辑工作	举行第一次经营方针发表会（此后每年都举行）
1941	日美开战后，转移至华盛顿工作	—
1942	在佛蒙特州贝林顿学院担任教授，教授政治、经济和哲学。出版第二本书《工业人的未来》	—
1943	受当时世界上最大的制造商通用汽车邀请，开展一年半的管理调研。取得美国国籍	在军方要求下，成立松下造船公司和松下飞机公司

（续）

年份	彼得·德鲁克	松下幸之助
1945	—	太平洋战争结束。第二天，召集所有干部员工，呼吁通过恢复和平工业来重建国家。8月20日，发表主题为"敬告松下电器全体成员"的特别讲话，敦促大家建立面对困局的觉悟
1946	在通用汽车调研的基础上，整理并出版第三本书《公司的概念》，福特公司将其作为重组的教科书，通用电气将其作为组织变革的模范案例，从此世界上掀起大企业组织改革的热潮	松下产业劳动工会成立，松下幸之助出席成立仪式并发表了祝贺讲话。松下电器和松下幸之助受到了来自盟军最高司令官总司令部的七项限制，其中包括被指定为财阀家族和被排除在公职之外。全国代理店和松下产业劳动工会发起请愿运动，要求免除禁止担任公职的禁令。PHP研究所成立，松下幸之助担任所长
1947	指导马歇尔计划在欧洲的实施	—
1949	被聘为纽约大学教授。创办管理学研究生院	为了使企业重建合理化，首次提出自愿裁员，这使公司负债10亿日元，媒体称他为"欠税大王"
1950	—	随着各种限制的取消，情况有所好转，松下电器的经营摆脱了危机。在一次紧急经营方针发表会上，松下幸之助做出了重建经营的声明："在风暴中，松下电器终于站起来了"

(续)

年份	彼得·德鲁克	松下幸之助
1952	—	前往欧洲,与荷兰飞利浦公司建立技术伙伴关系
1953	与索尼和丰田有了联系	出版《PHP话语》
1954	出版《管理的实践》,被人们称为管理学之父	与日本的VICTO公司建立伙伴关系。在《文艺春秋》5月刊上发表"观光立国的建议"。出版《我的思维和行为方式》
1958	—	被荷兰授予了奥兰治·施密特拿骚司令勋章
1959	首次到日本举办研讨会。出版《已经发生的未来》,阐释从现代社会到后现代社会的过渡	—
1961	—	卸任松下电器总裁,就任董事长。在《文艺春秋》12月卷上发表《收入巨增,陶醉其中》(入选读者奖)
1962	—	作为封面人物,《时代》杂志向全世界介绍松下幸之助
1964	出版世界上第一本经营战略的书《成果管理》	在热海召开全国销售公司和代理商总经理恳谈会,讨论如何走出不景气的困境。代理营销本部长,回归经营第一线。《生活》杂志刊登《松下幸之助和他的事业》特辑
1965	—	就任国立京都国际会馆理事长。松下电器实施双休工作制。松下幸之助在关西财会研讨会上发表《堤坝式经营论》

（续）

年份	彼得·德鲁克	松下幸之助
1966	因为对日本产业经营近代化和日美友好交流的贡献，被授予三等瑞宝勋章。出版被誉为万众帝王学○的《卓有成效的管理者》	—
1968	—	举行纪念松下电器成立50周年庆典。就任日本发明协会会长。出版《拓路》一书。成为灵山显彰会的第一任会长
1969	预示延续至今的转折点，出版畅销书《不连续的时代》。世界上的民营化热潮从此开始	—
1971	在加利福尼亚州克莱蒙特研究生大学创立管理研究生院，就任该院教授	就任飞鸟保存财团第一任理事长
1972	—	出版《松下幸之助的人生观：提倡新的人类观》
1973	—	卸任董事长，就任高级顾问
1974	出版集管理学之大成的《管理：使命、责任、实践》	成为奈良县明日香村的荣誉村民。发表《如何拯救日本，使其不崩溃》
1975	开始为《华尔街日报》撰稿，在之后的20年里，一直在撰写关于经济和管理方面的文章	就任国土厅顾问。神道大系编纂会成立，就任会长。出版《松下幸之助的人生观：提倡新的人类观，寻找人类的真正道路》
1976	出版预告老龄化社会到来的《看不见的革命》，1996年以《养老金革命》再版	—

○ 万众帝王学，人人都能成为经营者。——译者注

（续）

年份	彼得·德鲁克	松下幸之助
1977	—	出版《我的梦、日本梦：21世纪的日本》（PHP研究所30周年纪念出版）
1978	出版半自传《旁观者》。在克莱蒙特市波莫纳学院担任兼职讲师，教授东方艺术五年	出版《实践经营哲学》
1979	—	创办松下政经塾，就任理事长兼塾长。访问中国
1980	创作《动荡时代的管理》，预言泡沫经济的到来	举行松下政经塾第一期塾生入塾仪式
1981	与通用电气首席执行官杰克·韦尔奇合作，制定数一数二的战略。出版《日本成功的背后》	出版《社员心得帖》
1982	出版《最后的完美世界》和《变动世界的经营者》	就任大阪21世纪协会会长。出版《松下幸之助的人生观第二卷：日本传统精神，关于日本和日本人》
1983	—	创立国际科技财团并就任会长
1984	出版小说《行善的诱惑》	出版《人生心得帖》
1985	出版世界上首次将创新体系化的经营书籍《创新与企业家精神》	—
1986	出版《管理前沿》	—
1987	—	获得一等旭日桐花大勋章
1988	—	设立松下国际财团，就任会长。设立松下幸之助花之万博纪念财团

（续）

年份	彼得·德鲁克	松下幸之助
1989	出版《管理新现实》，首次向世界预告冷战的结束	4月27日逝世。享年94岁
1990	出版《非营利组织的管理》，被非营利组织相关人员奉为圣经	—
1992	出版《管理未来》	—
1993	出版《后资本主义社会》，明确了本次转换会持续五六十年之久。出版《生态愿景》	—
1995	出版《巨变时代的管理》	—
1998	出版《德鲁克论管理》	—
1999	出版《21世纪的管理挑战》，揭示商业前提的改变	—
2000	出版鸟瞰德鲁克世界观的"从零开始读德鲁克系列"三部曲:《成为职场人的条件》《改变、领导的条件》《创新的条件》	—
2002	出版《下一个社会的管理》，由美国总统授予美国最高平民荣誉勋章"自由勋章"	—
2003	出版"德鲁克名言集"四部曲:《工作的哲学》《经营的哲学》《变革的哲学》《历史的哲学》	—
2004	出版《实践的经营者》。出版以翻页式日历形式总结其名言警句的《德鲁克日志》	—

（续）

年份	彼得·德鲁克	松下幸之助
2005	开始在《日本经济新闻》连载"我的履历"，整理后以《德鲁克：活在20世纪》在日本出版。出版"从零开始读德鲁克系列"中的第四部《技术专家的条件》。11月11日，在位于克莱蒙特市的家中逝世，享年95岁。11月19日，在本该是他96岁的生日这一天，日本德鲁克学会成立	—

推荐阅读

　　无论在哪个国家,能获得成功的企业家都很多,但能够提炼出经营之道的企业家却为数不多,能够成为众人推崇的"经营之神"的企业家更是凤毛麟角。松下电器的创始人松下幸之助无疑在企业界树起了一座丰碑。他不但创立了一家享誉全球的成功企业,而且提出了一套普遍适用的经营哲学理念。本书系作为松下幸之助经营哲学理念的精粹,将为中国企业家提供有益借鉴。

推荐阅读

《攀登者:松下幸之助的经营哲学》

被誉为日本"经营之神"的松下幸之助,是攀登人生双峰的攀登者,相对个人的经营成就,他更专注于努力建设一个互信、互惠、互相依存的美好社会。松下幸之助根据自己的观察和思考,总结出了一整套关于宇宙、自然、人类的哲学思想。而这一切思想都源于他对"人性尊重"的人类观。因为有这样的人类观,他首创了"自来水哲学"的经营哲学,以及"经营即教育"的教育理念。通过对松下先生的经营法则、人生哲学和用人哲学的探究,我们不但可以获得"企业经营的成功心法",还能为自己的精神世界找到归宿。

《攀登者2:松下幸之助的用人哲学》

"经营人心、洞察人性"是影响世界的"经营之神"松下幸之助先生总结的极具东方哲学色彩的经营管理智慧。本书讲述的选人、育人、用人的道与术,用人哲学是松下幸之助经营哲学的重要组成部分。书中既有育人用人的底层逻辑和哲学思考,又有实用的系统、工具和方法。松下幸之助是跨越时代的经营者,他半个世纪前的经营管理思想,对现代商业世界具有重大的指导意义和实践价值。